吴越历史与考古论丛

曹锦炎 著

文物出版社

封面題簽：沙孟海
封面設計：周小瑋
責任編輯：谷艷雪
責任印製：陳　傑

圖書在版編目（CIP）數據

吳越歷史與考古論叢/曹錦炎著. —北京：文物出版社，2007.11
　　ISBN 978－7－5010－2163－5

　　Ⅰ．吳… Ⅱ．曹… Ⅲ．①中國－古代史－吳國（?
～前473）－文集②吳文化－考古－中國－文集
Ⅳ．K225.07－53　K871.34－53

中國版本圖書館 CIP 數據核字（2007）第 168643 號

吳越歷史與考古論叢

曹錦炎　著

*
文 物 出 版 社 出 版 發 行
（北京市東直門内北小街 2 號樓）
http://www.wenwu.com
E-mail：web@wenwu.com
北京美通印刷有限公司印刷
新 華 書 店 經 銷
787×1092　1/16　印張：14
2007 年 11 月第 1 版　2007 年 11 月第 1 次印刷
ISBN 978－7－5010－2163－5　定價：88.00 圓

目　録

從青銅器銘文論吳國的國名

一 吳國的國名及由來

吳國國名，史籍記載歷來作“吳”，見於《春秋》經、傳和《國語》、《戰國策》以及《越絕書》、《吳越春秋》等。他如先秦典籍，也作“吳”，如《周禮·考工記》：“吳、粵之劍，遷乎其地而弗能爲良”、“吳粵之金、錫，此材之美者也”；《楚辭·國殤》：“操吳戈兮被犀甲”，是其例。秦漢典籍也作“吳”，如《呂氏春秋》、《淮南子》等，70 年代銀雀山出土的漢簡也作“吳”。

然而，司馬遷在《史記》中又提出了另外一種說法，《吳太伯世家》：“大伯之犇荊蠻，自號‘句吳’。”《漢書·地理志》也從此說，謂：“太伯初奔荊蠻，荊蠻歸之，號曰‘句吳’。”是說吳國的國名起初作“句吳”。爲什麼叫“句吳”？《吳越春秋》有一番解釋，卷一《吳太伯傳》：“吳人或問：‘何像（據？）而爲句吳？’太伯曰：‘吾以伯長居國，絕嗣者也。其當有封者，吳仲也。故自號句吳。非其方乎？’荊蠻義之，從而歸之者千有餘家，共立以爲句吳。”但是，據裴駰《史記集解》引宋忠說，“句吳，太伯始所居地名。”係以地名爲國號，兩說不同。而顏師古注《漢書》，則認爲“句吳”之“句”乃“夷俗語之發聲也，亦猶越爲于越也”。說解均不同。

從出土及傳世的吳國銅器銘文來看，吳國國名本來寫作“工䲱”、“攻敔”，後來才作“攻吳”（或省作“吳”）。所以，《吳越春秋》所謂太伯因伯長居國而“句”吳之說，便不攻自破。顏師古提出的夷語發聲之說也不正確，因爲直到夫差時銅器銘文仍有以兩字作爲國名的。“工（句）”並非是夷語發聲。由此看來，宋忠提出的以地名爲國名說，是有一定的道理。不過，據《世本·居篇》載：“孰哉居蕃離，孰姑徙句吳”。張守節《史記正義》也說：

"太伯居梅里，在常州無錫縣東南六十里。至十九世孫壽夢居之，號句吳。"
則始以句吳爲國名非太伯時。孰姑，舊注以爲即壽夢。但吳國銅器最早著國
名的見於者減鐘，作于皮然爲王時。據考證，皮然即句卑，《史記索隱》引譙
周《古史考》作"畢軫"①。可見，以"句吳"作國名，應該早于壽夢時。

　　需要指出的是，吳國青銅器銘文中自稱國名時，作"工𪘚"、"攻敔"或
"攻吳"，從未有過作"句吳"的。王國維先生曾説："工𪘚亦即攻吳，皆句吳
之異文。古音，工攻在東部，句在侯部，二部之字陰陽對轉。故句吳亦讀攻
吳。"② 王氏之説略有小誤，事實上，從吳國青銅器來看，絕没有一件器將
"工（攻）"字寫作"句"。所以，將"句吳"寫作"攻吳"並非吳人的異文。
1979 年 5 月，於河南省固始縣侯古堆春秋墓中出土了一件青銅瑚，是宋景公
嫁妹的媵器，銘文云："有殷天乙唐孫宋公㣇（欒）乍（作）其妹句𢾰（敔）
夫人季子媵𦥑（瑚）"③。可見，將"攻吳"寫作"句吳"乃是中原人記吳音的
緣故，並不是吳國國名的本來面目。

二　吳國國名的歷史演變

　　建國以來，各地陸續有吳國銅器出土，使我們對吳國國名問題有了新的
認識，基本上掌握了其歷史遞變的線索。下面結合傳世銅器進行考察。
　　在吳國銅器中，吳國國名有以下幾種寫法：
　　1. 工𪘚
　　（1）者減鐘　《三代吉金文存》1·48·1
　　（2）姑發𦎫反劍　《考古》1963 年 4 期
　　2. 工虞
　　（1）季子劍　《文物》1990 年 2 期
　　（2）大叔𥐔盤　《東南文化》1991 年 1 期
　　（3）工虞王劍　《文物》1983 年 12 期
　　3. 攻五
　　（1）光韓劍　《發掘中國的過去》92 頁

---

① 　馬承源《關於寥生盨和者減鐘的幾點意見》，《考古》1979 年 1 期。
② 　王國維《觀堂集林·攻吳王夫差鑒跋》。
③ 　固始侯古堆一號墓發掘組《河南固始侯古堆一號墓發掘簡報》，《文物》1981 年 1 期。

4．攻敔（敔）

(1) 光劍　《文物》1972 年 4 期

(2) 光劍　《文物》1982 年 5 期

(3) 光戈　《三代吉金文存》19·43·3

(4) 光戈　《商周金文錄遺》564

(5) 夫差劍　《雙劍誃古器物圖錄》卷上 41

(6) 夫差劍　《文物》1976 年 1 期

(7) 夫差劍　《文物》1976 年 1 期

(8) 夫差劍　《積古齋鐘鼎彝器款識》10·3

(9) 夫差劍　《三代吉金文存》20·46·1

(10) 夫差劍　《商周青銅器銘文選》2·544 乙

(11) 夫差劍　天津藝術博物館藏

(12) 夫差劍　《中國通史》第 1 冊圖版

(13) 夫差戈　《考古》1963 年 4 期

(14) 工差戟　《文物》1986 年 3 期

5．攻吳

(1) 夫差鑒　《三代吉金文存》18·24·5

6．吳

(1) 光鑒　《壽縣蔡侯墓出土遺物》

(2) 光鐘　《上海博物館集刊》2

(3) 夫差鑒　《商周金文錄遺》521

(4) 夫差矛　《江漢考古》1984 年 1 期

(5) 配兒句鑃　《考古》1983 年 4 期

(6) 季子之子劍　《綴遺齋彝器考釋》29·9

(7) 無壬鼎　《文物》1981 年 1 期

(8) 叔繁瑚　《文物》1958 年 5 期

　　古人寫字沒有固定的習慣，一個字有多種寫法，往往讀音相同即可通假（類似今天的所謂"寫白字"）。敔、虡、五、攻、敔、吳古音同屬魚部，"攻"從"工"得聲，故可互作。不過，根據上列各器的先後時代關係來看，各種寫法還是有一定的特定階段。據考證，者減鐘作于壽夢之前①；姑發胃反即諸樊②；大叔碏即餘祭③；季子即季札④；光韓即光⑤，也即闔廬，見於典籍；夫差自不待言。因此，我們可由此對吳國國名的演化關係作一個推論：

　　　　吳國國名在諸樊以前作"工獻"；諸樊時作"工盧"；闔廬時改作"攻五"，後作"攻敔"、"攻敬"，再改作"攻吳"，最後由"攻吳"省稱爲"吳"；夫差時仍沿用最後三種寫法。

當然，這個演化規律是根據迄今爲止所見的上述 30 餘件吳國青銅器而作出的，將來視新出土資料情況或可再作修正。

　　掌握了吳國國名在銅器銘文中的演變規律，就可以對傳世的或出土的不具王名的吳國銅器作斷代研究，確定其相對王世或製作時代。同樣，對一些非吳國銅器，祇要有其對吳國國名的稱呼，也可適用這個規律。近年來筆者對北山頂大墓及程橋三號墓所出銅器的研究，正是採用了這個方法⑥。

　　最後，附帶指出的是，由於傳世晉國銅器趙孟庎壺銘文稱夫差爲"邘王"，所以郭沫若先生認爲傳世的"邘王是埜戈"也是吳器，並以爲邘王是埜即吳王壽夢⑦。其實，邘本古國，係吳國之附庸國，後被吳所滅。所以晉人或稱吳王爲邘王，典籍也或吳干連稱。但"是埜（野）"絕不是"壽夢"，無論是從銘文角度還是從戈的形制來判斷，都可以證明其絕非是吳器（詳另文）。所以，不能僅憑"是野戈"便認爲吳國的國名自稱也可以寫作"邘"。

（原載《東南文化》1991 年 6 期）

　　①　馬承源《關於蓼生盨和者減鐘的幾點意見》，《考古》1979 年 1 期。
　　②　商承祚《"姑發胃反"即吳王"諸樊"別議》，《中山大學學報》1963 年 3 期。
　　③　曹錦炎《程橋新出銅器考釋及相關問題》，《東南文化》1991 年 1 期。
　　④　曹錦炎《吳季子劍銘文考釋》，《東南文化》1990 年 4 期。
　　⑤　李家浩《攻五王光韓劍與虞王光趄戈》，《古文字研究》第十七輯。
　　⑥　曹錦炎《北山銅器新考》，《東南文化》1988 年 6 期；《程橋新出銅器考釋及相關問題》，《東南文化》1991 年 1 期。
　　⑦　郭沫若《奴隸制時代·吳王壽夢之戈》。

關於"宜侯矢簋"銘文的幾點看法

　　宜侯矢簋自 1954 年 6 月在江蘇省丹徒縣大港煙墩山出土以來，已有不少學者對其銘文作了很好的研究。但仁智互見，結論不盡相同，由此影響到問題的徹底解決。如果銘文能確定該器是吳器的話，則"西周初期周人的勢力範圍已達及東南"，丹徒"自然也是西周在長江以南的一個重要的統治據點"了[1]。由於同墓所出的一批帶有本地文化色彩的青銅器，其鑄造年代正當湖熟文化前期發達的時代[2]，因而深入研究該器銘文，對探討周文化與湖熟文化的關係，無疑將有很大的幫助。

　　本文擬在各家考釋的基礎上，對銘文中存有爭議的字、句，提出我們的看法，希望能就正於同好。

　　先按通例，將銘文（圖一）隸定於次，再談拙見。

　　　　隹（唯）四月辰才（在）丁未，王省斌（武）王、
　　　　成王伐商圖，祉（延）省東或（國）圖。
　　　　王立（位）于宜宗土（社），南鄉（嚮）。王令
　　　　虎侯矢曰："鄩（遷）侯于宜。易（賜）鬯
　　　　曽一卣、商（璋）鬲（瓚）一、囗、彤（彤）弓一、彤（彤）矢百、
　　　　旅弓十、旅矢千。易（賜）土：氒（厥）川
　　　　三百囗，氒（厥）囗百又廿，氒（厥）宅邑卅
　　　　又五，氒（厥）囗百又卅（四十）。易（賜）才（在）宜
　　　　王人囗又七里。易（賜）奠（甸）七白（伯），

①　北京大學歷史系考古教研室《商周考古》第三章第二節，文物出版社，1979 年。
②　曾昭燏、尹煥章《試論湖熟文化》，《考古學報》1959 年 4 期。

毕（厥）丮（盧）□又五十夫。易（賜）宜庶人

六百又□六夫。"宜侯矢揚

王休，乍（作）虎公父丁障彝。

　　立，或釋"卜"，從拓本字形看，當以釋"立"爲是。西周前期的銅器，記述册命者，僅見大盂鼎、井簋及宜侯矢簋。從金文來看，西周册命時有一定的禮儀，並詳述册命者與受命者的方位、面嚮等。一般正例爲：王各（格）某室，即立（位）；某右某入門，立中廷，北鄉（嚮）；史某受（授）王命書，王呼史某册命某。王曰（或作王若曰）①。"曰"字下即爲册命內容。本銘云

圖一　"宜侯矢簋"銘文拓本

---

　①　參看陳漢平《西周册命制度研究》，學林出版社，1986年。

"王位于宜宗社",即是"王格于宜宗社,即位"的省略句。"南嚮",指王的面嚮。後世所謂"南面而王",正好爲此作注。這種册命禮儀時王與受命者的面嚮及所處位置,在古籍中也有記載:

《周禮·司几筵》:"命諸侯,王位設黼依,依前南郷(嚮)。"
《禮記·祭統》:"君……南郷(嚮),所命北面。"
《周禮·大宗伯》鄭玄注:"王將出命,假(格)祖廟,立(位)依前,南郷(嚮)。"

金文所記王與受命者南北相對之方位與文獻記載正相符合。所以,從文意上說,這裏也不可能是"卜"字。

銘文記"夨"改封於宜,所以後稱"宜侯夨",但其原封地爲"虎",所以王曰"虎侯夨"。關於虎字,諸家舊均隸作"虘",祇有唐蘭先生改釋爲"虞",他指出:"虞字各家都釋爲虘,如果是虘,下半應該是從文。這個字上從虎,下從夨。夨字頭向左傾,頭部中間爲鏽隔斷,但筆畫還很清楚。從夨虎聲,應該是虞字的早期寫法。"① 按唐先生指出此非"虘"字,甚確,但改隸爲"虞",以爲是虞字的早期寫法,於字形不合,仍未有當。因爲,第一,此字上從虎頭,下並不從夨,對照本銘夨字寫法即可清楚;第二,從形、音、義上說,"吳"字不能省作"夨"。《說文》:"夨,傾頭也,從大象形";"吳,姓也,郡也。一曰吳,大言也,從矢口。"一爲象形字,一爲會意字,兩者不同。特別是從古文字構形來看,吳字從未有省作夨的例子。退一步講,即使承認此字從夨,也無法證明"虞"就是"虞"的早期寫法。日本學者白川静曾指出,此字實爲"虎"字②,其意見值得重視。如果抛開"吳"、"虞"之先入爲主的觀點,仔細察看拓片的話,釋"虎"是可信的:此字最末一筆上卷,正象虎尾之形;特別是末行虎字構形,尤爲明顯;右側雖有殘泐,仍與夨字右側迥異。茲將本銘的虎字與《金文編》所録虎字構形摹録如下:

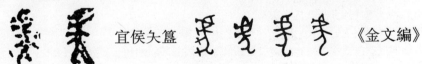

宜侯夨簋　　　　　　　　　　《金文編》

① 唐蘭《宜侯夨設考釋》,《考古學報》1956年2期。
② 白川静《金文通釋》卷一下,白鶴美術館,1965年。

讀者不難作出明斷。

虎方，最早見於甲骨文，是商代的一個方國。西周金文仍有虎方的記載，見於宋代安陸出土的中方鼎①。矢是由虎侯改封爲宜侯的，所以銘文中稱其父爲"虎公父丁"。

本銘的虎侯有兩種可能，一是武王滅商後封同姓諸侯於"虎"，如康侯、魯侯之例，一是虎方臣服於周後而襲舊封，如武庚之例。我們推測，似以前一種可能性爲大。

"在宜王人□又七里"之"里"，舊釋爲"生"，讀爲"姓"，陳夢家先生在《西周銅器斷代》中始改爲"里"②。按釋"里"是正確的。"里"字上半雖模糊，但兩側之筆往下內彎，還是很清楚的，與"生"字兩側之筆作斜畫有明顯不同，可以參看原拓。

"里"是鄉里一類的地域組織。據《左傳》等書，在春秋以前，鄉里一般是統治種族居住的城邑內及其近郊的地域組織，而不是被統治種族居住的鄙野之中的地域組織③。"王人"之名稱，見《春秋》經傳，即周人④。"在宜王人"，指的是居住在宜地的周族人，其身份大概是平民。下文云在"宜庶人"，指的是居住在宜地的非周族人，也就是土著。

最後，我們想簡單談談"宜"的地望。據銘文，康王於丁未日省視了武王、成王伐商的地圖及東國的地圖後，不久於宜的宗社內册命矢。顯然宜地必近王畿，甚或即爲王畿的直接管轄地，絕不可能是遠在數千里之外的丹陽。再説，史籍中也無康王下江南的記載。商代銅器有宜子鼎，銘云："丁卯，王令宜子迶（會）西方，于省，唯反（返），王賞戍甬貝二朋，用乍（作）父乙齋。"⑤西方，指西面的方國，可見"宜"必在東方。春秋時秦器有秦子戈、矛及秦公鐘、簋，銘末綴有"宜"字，據研究，"宜"應是地名⑥。宜爲秦地，證據是很多的。秦地之宜大致在今鳳翔、寶雞、岐山三縣交界處之陽平鄉一帶⑦。宜侯矢簋銘文中的"宜"地在東國，又與伐商之交通路線有關，與秦地

---

①　薛尚功《歷代鐘鼎彝器款識法帖》。

②　陳夢家《西周銅器斷代》，《考古學報》1956 年 2 期。

③　裘錫圭《關於商代的宗族組織與貴族和平民兩個階級的初步研究》，《文史》第十七輯。

④　李學勤《宜侯矢簋與吳國》，《文物》1985 年 7 期。

⑤　《三代吉金文存》4·7。

⑥　李學勤《戰國時代的秦國銅器》，《文物參考資料》1957 年 8 期。

⑦　王輝《關於秦子戈、矛的幾個問題》，《考古與文物》1986 年 6 期。

之宜均屬原周的王畿之地，方位相合，很可能即爲一地。

　　總之，根據我們的看法，宜侯矢簋絕不是吳器。宜侯矢原封地爲"虎"，是由"虎侯"改封爲"宜侯"的，銘文與虞侯周章無涉。更無法由本銘得出宜是西周王朝設立在鎮江地區的一個政治據點的結論。

　　需要指出的是，我們的看法絲毫不會改變寧鎮地區在湖熟文化及吳文化研究中的重要地位。種種迹象表明，吳國的早期都邑可能就在寧鎮一帶。如1982年出土的母子墩青銅器，其內涵接近煙墩山出土的銅器，表明確曾有一支周人勢力南下江南。但其進入長江下游的時間能否早到西周康王時，却是需要重新考慮的。我們相信，隨著考古工作的深入開展，許多新的發現將會給最後解決太伯奔吳問題開闢一條坦途。

（原載《東南文化》1990 年 5 期）

吴季子劍銘文考釋

1985 年 8 月，山西省榆社縣縣城東北三角坪出土一件吴季子劍[1]，劍身有銘文 2 行 24 字（圖一），由於原銘字迹纖細及傷蝕，許多字的筆畫在拓本中不現，影響了部分文字筆畫的完整，再加上照片刊佈時不甚清晰，且又放反，所以不太容易辨認。原報道釋文有誤，以致無法通讀。現根據原劍照片，重新改釋如下：

工盧王姑發（發）𦥑反之弟季子者（?）
尚，受余㿝（厥）司金，㠯（以）乍（作）其元用鐱（劍）。

其中"姑"、"反"、"之"、"季"、"子"、"乍"、"元"、"劍" 8 字是反文。

工盧王姑發𦥑反

"工盧王姑發𦥑反"，參照 1959 年安徽省淮南市蔡家崗戰國墓出土的諸樊劍銘文[2]，可以肯定即吴王諸樊。吴國青銅器銘文中國名的寫法，有一定的特定階段，諸樊及其以前作"工㱇"或"工盧"[3]，本銘又爲諸樊時銅器的國名寫法添一佳證。

諸樊之名，本銘作"姑發𦥑反"，與蔡家崗出土劍相參校，"發"字省了"弓"旁；"𦥑"字上部兩"耳"字已殘，"𠂤"旁移到了中間，下部增加了聲

---

① 晉華《山西榆社出土一件吴王肶發劍》，《文物》1990 年 2 期。
② 安徽省文化局文物工作隊《安徽省淮南市蔡家崗趙家孤堆戰國墓》，《考古》1963 年 4 期。
③ 曹錦炎《北山銅器新考》，《東南文化》1988 年 6 期。又，筆者在《吴越青銅器銘文述編》（《古文字研究》第十七輯）中，曾誤從舊說的所謂"元訏劍"，而認爲諸樊時已出現"攻敔"寫法，應予改正。

符"舌"字，是在"睧"字上增加聲符"舌"。在古文字中，常見這種疊增聲符的現象，如"兄"字或增"生"聲作"㲋"、"立"（位）字或增"胃"聲作"媦"，均其例①，所以"睧"與"䜌"仍是一字之異構。"反"字作 ，只是重複了"厂"旁。這種重複偏旁的情況，在古文字中也有例子，如吳國國名用字"敔"，常作"敔"，重複"五"旁，即其例。

"姑發睧反"即諸樊，經各家考證已成定論。但是，郭沫若先生以爲是"四字合爲諸樊，猶如姑馮句鑃之'姑馮昏同'爲馮同"②。其說來源於《左傳》襄公十三年經《疏》引服虔的說法："吳蠻夷言多發聲，數語共成一言。"商承祚先生則反對這種發聲或合音之說，認爲是中原人任擇其名之一字爲譯音，他說："衡之此劍之'姑發睧反'，擬'姑'爲諸，擬'反'爲樊，

圖一

---

①　可參看吳振武《戰國貨幣銘文中的"刀"》一文，載《古文字研究》第十輯。

②　郭沫若《跋江陵與壽縣出土銅器群》，《考古》1963年4期。

而作諸樊。"① 商先生的看法有一定道理。根據本銘，"臀"字當讀如"舌"，上古音"舌"爲船母月部字，"諸"爲章母魚部字，從古音上講，舌、諸兩字古音相近。由此看來，《左傳》等書作"諸樊"乃是中原人記"臀（譬）反"的譯音。可見發聲或合音之説不確，同時本銘也可對商説加以修正。

之弟季子者者（?）尚

者字殘存下半，是否"者"字尚有疑問。"季子者尚"，"季子"是身份、稱謂，"者尚"是人名。《史記·吴太伯世家》："二十五年，王壽夢卒。壽夢有子四人，長曰諸樊，次曰餘祭，次曰餘昧，次曰季札。"諸樊以嫡長繼王位，後秉父遺命傳位於弟。季札之"季"爲排行，即"伯仲叔季"之季，季札是老四，所以排行稱"季"。季札或稱"季子"，見於《左傳》、《公羊》、《史記》等史籍，也見於傳世的一件"季子之子"劍②。本銘稱"工盧王姑發譬反之弟季子者尚"，其身份、稱謂均與典籍記載的季札相一致，可見其即爲季札無疑，同時也可反證前輩定"姑發臀反即諸樊"爲不易之論。至於季札之名，劍銘作"者尚"，由于第一字尚存疑問，其與"札"字的關係需作進一步研究③，但者尚必爲季札，則可斷定。

受余厥司金

"受"字原篆左側有泐痕，與筆畫混在一起，不太好認。受，接受。厥，結構助詞，相當於"之"，王引之謂："厥，猶'之'也。《書·無逸》曰'自時厥後，立王，生則逸；生則逸……'又曰'自時厥後，亦罔或克壽。'皆謂自時之後也。"④ 司，《説文》云："臣司事於外者"。"余厥司"，指自己的下屬。金，青銅器銘文與典籍均指銅而言。

以作其元用劍

㠯，即"以"字，用也。"以"字原篆作"㠯"，諸樊劍作"㠯"，比較接近，可以參看，"以"字作這種構形，或許是當時吴國的特有寫法。"元用"，元者善也，用爲器用。"元用"一詞爲兵器銘文之習用語，如諸樊劍："自作元用"；夫差劍："自作其元用"；吉日壬午劍："作爲元用"。

---

① 商承祚《"姑發臀反"即吴王"諸樊"別議》，《中山大學學報》1963 年 3 期。
② 《積古齋鐘鼎彝器款識》等書著録。
③ 如釋"者"字不誤的話，則者、札二字古音相近，而且與程橋二號墓（《考古》1974 年 2 期）所出編鐘作者爲同一人。
④ 王引之《經傳釋詞》卷 5。

　　綜上所述，劍銘大意是說，吳王諸樊的弟弟季子者尚接受了下屬的獻銅，用來作了自己的"元用"劍。

　　傳世的吳國兵器中，有一件季子劍，著録於《陶齋吉金録》卷 3·47，銘曰："吳季子用永用之劍"，筆畫柔弱，文義不通，國名用字也不合，顯爲僞器，其實是做季子之子劍而作。現在，榆社縣出土了真正的季子劍，不僅爲吳國青銅器的研究提供了一件斷代標準器，而且爲解決史籍記載中吳、越王名的問題，指點了途徑，對研究吳、晉關係，也有一定意義。

　　附記：本文承晉華先生提供原劍照片，特此致謝！

　　　　　　　　　　　　　　　　（原載《東南文化》1990 年 4 期）

吳王壽夢之子劍銘文考釋

　　1997 年，浙江省紹興市於市區魯迅路改造工程中，出土了一柄春秋時期的青銅劍，劍身鑄有銘文 40 字，現藏紹興越文化博物館。從銘文知道，器主爲吳王壽夢之子、即後來繼位爲吳王的餘祭。吳國王室兵器本來出土就不多，帶有王名者更少，目前所見祇有吳王諸樊、吳王光、吳王夫差三人。此次紹興新發現的吳劍，銘文中帶有兩位吳王名，與《左傳》的記載正可以互證，同時也爲我們解決吳國王室的氏名、吳國國名的演變提供了新的線索。銘文中所記載的吳國與徐、楚兩國的關係，亦可補史籍之不足。這是吳國歷史研究中一次重要的突破。此外，劍銘長達 40 字，這也是目前所知出土青銅兵器中銘文字數最多的一件劍，彌足珍貴。

　　劍爲扁莖長條式，無格、首，劍身中央起平脊，通長 39.5 釐米，其中劍莖殘長 3 釐米。這種劍與常見的春秋戰國時期流行於吳越地區的劍型有別，而更多的接近中原劍型，在吳越地區出土數量也甚少。1959 年安徽省淮南市蔡家崗趙家孤堆二號戰國墓出土的諸樊劍，型式與之較爲相似[①]。此劍嚴重鏽蝕，出土後已斷爲兩截，並有多處裂痕。銘文爲鑄款，筆道較細，再加上鏽蝕，文字較爲模糊，且部分文字的筆劃已剝蝕殆盡。經去鏽，遂使銘文稍顯。爲方便讀者，今將原劍銘文的放大照片與拓本（圖一～二二）一併刊出。

　　銘文在劍身中脊兩側，各一行，每行 20 字：

　　　　攻敔（敬）王姑發難壽夢之子虜絇郘之義□，初命伐□，囷隻（獲）。型（荊）伐郐（徐），余新（親）逆，攻之。敗三軍，隻（獲）囷

---

① 　安徽省文化局文物工作隊《安徽省淮南市蔡家崗趙家孤堆戰國墓》，《考古》1963 年 4 期。

圖一

圖三

圖二　　　　　　　　　　　圖四

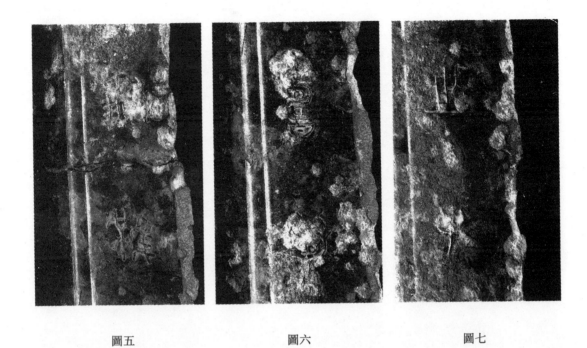

圖五　　　　　　　　　圖六　　　　　　　　　圖七

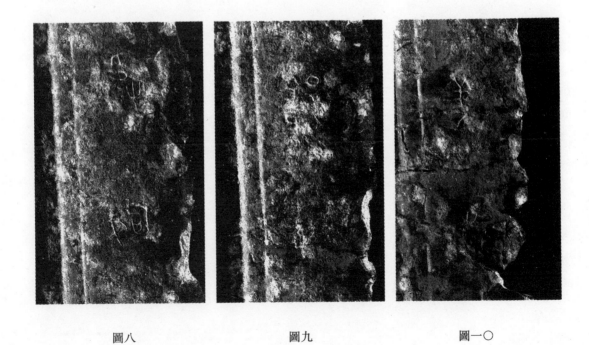

圖八　　　　　　　　　圖九　　　　　　　　　圖一〇

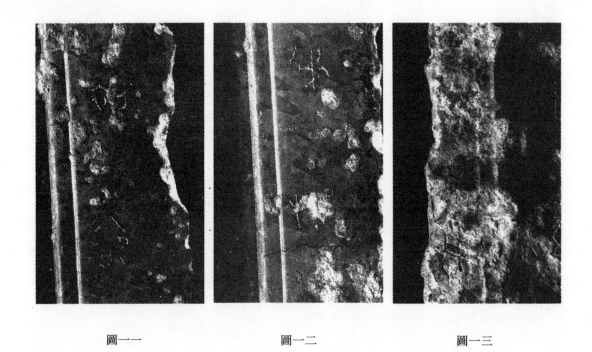

圖一一　　　　　　　　圖一二　　　　　　　　圖一三

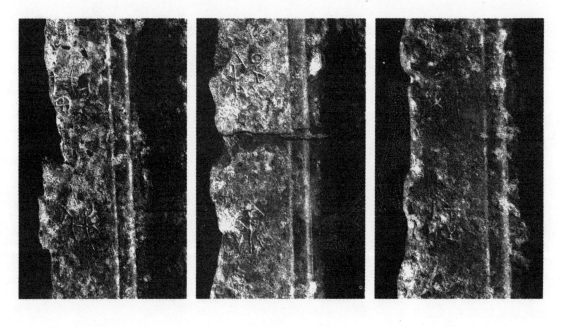

圖一四　　　　　　　　圖一五　　　　　　　　圖一六

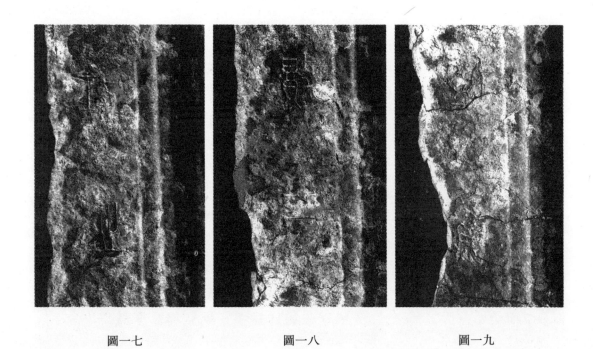

圖一七   圖一八   圖一九

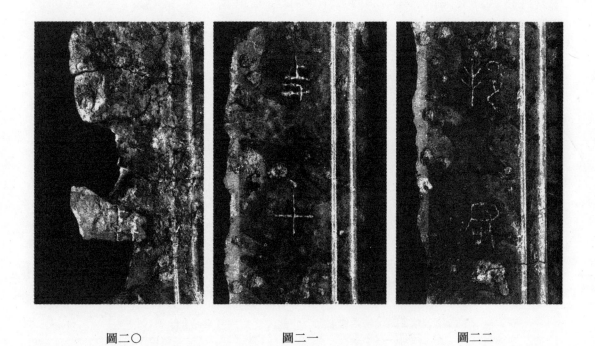

圖二〇   圖二一   圖二二

馬，攴七邦君。

攻敔王

敔，"敔"字之省體，聲旁作兩"五"重疊。攻敔，國名，即吳國。《史記》或作"句吳"，《吳太伯世家》："太伯之犇荊蠻，自號'句吳'。"宋國銅器宋公欒瑚稱之"句敔"。從出土及傳世的吳國青銅器銘文來看，吳國國名本來寫爲"工盧"、"工獻"，後來寫作"攻五"、"攻敔"、"攻敔"、"攻吳"，最後由"攻吳"省稱爲"吳"，各種寫法是在特定階段形成的。將"攻吳"寫作"句吳"，乃是中原人記吳音的緣故①。吳、五、敔，及從"魚"聲的盧、獻古音相同，係通假字。至今吳方言中，五、吾、魚這幾個字的讀音仍然與"吳"相同。從本銘知道，壽夢時期已經開始出現"攻敔"的寫法。

姑發難壽夢

器主之父的名字，吳王壽夢。《史記·吳太伯世家》："去齊卒，子壽夢立。壽夢立而吳始益大，稱王。"吳國稱王始於壽夢，銘文稱壽夢爲"攻敔王"，正與典籍相合。

壽夢的名字，《左傳》作"壽夢"（三見：成公七年、襄公十年、十二年），《春秋》經文作"乘"（襄公十二年），《世本》作"孰姑"。三者之間的關係，舊一直未弄明白。司馬貞《史記索隱》曾作過考證，謂："襄十二年《經》曰'秋九月，吳子乘卒'。《左傳》曰壽夢。……《系（世）本》曰'吳孰姑徒句吳'。宋忠曰'孰姑，壽夢也'。代謂祝夢乘諸也。壽孰音近，姑之言諸也，《毛詩傳》讀'姑'爲'諸'，知孰姑、壽夢是一人，又名乘也。"還是沒有説清楚。壽夢的名字，今有賴劍銘使我們知道全稱應作"姑發難壽夢"。

據《史記·吳太伯世家》記載，吳國是周太王之子太伯、仲雍因讓位于季歷而奔荊蠻建立的，所以吳國王室爲姬姓。古代男稱氏、女稱姓，因此"姑發難壽夢"一名的構成實際上是氏稱加名，即"姑發"爲氏，"難壽夢"爲名。這和越王者旨於賜、者旨不光的名字構成是同樣道理，即"者（諸）旨（稽）"爲氏，"於賜"、"不光"爲名②。《左傳》作"壽夢"，是略去了氏稱，再則省三字名爲二字之故，其與劍銘可以互相印證。《春秋》經文作"乘"，

---

① 曹錦炎《從青銅器銘文論吳國的國名》，《東南文化》1991 年 6 期。

② 曹錦炎《越王姓氏新考》，《中華文史論叢》1982 年 3 期；《越王嗣旨不光劍銘文考》，《文物》1995 年 8 期。

如果看成是壽夢的"字"，即名與字的關係，可能性較小，應是以中原音記
"壽夢"的急讀音，或即以"乘"記"壽"音（古音"乘"爲蒸母船部字，
"壽"爲幽母禪部字，兩者音近）。至於《世本》作"孰姑"，或有可能是"姑
發"的訛誤。

"姑發"爲吳國王室的氏稱，其實早已見於出土的三件帶有吳王諸樊名字
的劍，它們分別是：

　　（甲）諸樊劍①；
　　（乙）諸樊之弟季子劍②；
　　（丙）諸樊之子劍③。

其劍上銘文所稱的"姑發胥反"指吳王諸樊，已成定論。但過去一直未明白
其構名原則，衆説紛紜，更沒有認識到"姑發"爲氏稱。現在重新審視這幾
件劍的銘文，甲作"姑發胥反"；乙作"姑發詐反"；丙作"姑發郖"，"姑發"
爲氏稱，"胥（詐）反"或"郖"則爲名。乙劍的"詐"字是在甲劍的"胥"
字上加注聲符"舌"，而丙劍的"郖"即"反"字繁構（春秋戰國時期地名或
人名用字往往贅增邑旁），並由雙名省稱爲單名。"胥（詐）"讀爲"諸"，"反"
讀爲"樊"。現在由新出土的吳王壽夢之子劍，可以認定"姑發"爲吳國王室
氏稱，"胥反"即"諸樊"。

　　叡鉤郘

　　人名，吳王壽夢之子的名字。鉤，从戈从句，爲雙聲字，讀爲"戈"或
"句"均可。郘，从舍从邑，即舒國之"舒"的本字。"叡鉤郘"，即壽夢之子
餘祭。《史記·吳太伯世家》："二十五年，王壽夢卒。壽夢有子四人，長曰諸
樊，次曰餘祭，次曰餘眛，次曰季札。"值得注意的是，《左傳》襄公二十八
年記齊慶封奔吳，傳文謂："既而齊人來讓，奔吳。吳句餘予之朱方"，杜預
注："句餘，吳子夷末也。朱方，吳邑。"杜説有誤，前人早已指出，《左傳》
襄公二十八年所記的"句餘"非指吳王夷末（餘眛），乃指其兄吳王餘祭。如
司馬貞《史記索隱》謂："計餘祭以襄二十九年卒，則二十八年賜慶封邑，不

---

① 安徽省文化局文物工作隊《安徽省淮南市蔡家崗趙家孤堆戰國墓》，《考古》1963 年 4 期。
② 晉華《山西榆社出土一件吳王胏發劍》，《文物》1990 年 2 期。
③ 朱俊英、劉信芳《攻盧王姑發郖之子曹鮪劍銘文簡介》，《文物》1998 年 6 期。

得是夷末。且句餘、餘祭或謂是一人，夷末惟《史記》、《公羊》作‘餘眜’，《左氏》及《穀梁》並爲‘餘祭’。夷末、句餘音字各異，不得爲一，或杜氏誤耳。”服虔也以“句餘”爲“餘祭”①。也有不同看法，如孔穎達《春秋左傳正義》謂：“杜以爲夷末者，以慶封此年之末始來奔魯，齊人來讓，方更奔吳。明年五月而閽弑餘祭，計其間未得賜慶封以邑，故以句餘爲夷末也。”按餘祭在位僅4年，卒於襄公二十九年②，則二十八年賜慶封邑之吳王，不得爲夷末（餘眜）。《史記》敘此事作：“王餘祭三年，齊相慶封有罪，自齊來犇吳。吳予慶封朱方之縣。”正列于餘祭時。今以《索隱》爲是。上已指出，“斔”可讀爲“句”，而“郘”字本从“余”聲，與“餘”讀音相同。由此可見，《左傳》所記的吳王“句餘”，正是劍銘所記的“叡斔郘”，也就是吳王餘祭。其道理與《左傳》記吳王壽夢的名字如同一轍，即略去了氏稱，省三字名爲二字，祇是用同音字假借而已。

需要指出，上文述及吳王諸樊之名，《史記·吳太伯世家》作“諸樊”，《春秋》襄公二十五年作“遏”，同年《公羊傳》、《穀梁傳》作“謁”，祇有《左傳》記作“諸樊”。我們知道，《史記》的寫作引用了《左傳》不少的材料，雖然《左傳》所記的祇是吳王名的同音字，然而唯有左丘明所記却能得到出土文物的印證，實在是難能可貴。

器主爲餘祭已經明確，鑄器年代大致可以確定。銘文自稱其身份爲“攻敔王之子”，可見其尚未繼承王位。如此時壽夢已卒，諸樊爲王，按銅器銘文慣例則應自稱“攻敔王之弟”或“攻敔大叔”③。可見其必作於壽夢爲王時。其下限應不晚於壽夢卒年，即公元前561年（襄公十二年）。從本劍銘文的體例來看，與壽夢時期也相合。

之義□

之，動詞，《說文》：“之，出也。”《爾雅·釋詁》：“之，往也。”《孟子·滕

---

① 今人楊伯峻也以服虔爲是，見《春秋左傳注》第1149頁，中華書局，1981年。但其後來與徐提共同編著的詞典，仍從杜預的説法，見《春秋左傳詞典》第298頁，中華書局，1985年。

② 此據《春秋》經傳。餘祭在位4年，餘眜在位17年，《史記》誤倒，見司馬貞《索隱》及梁玉繩《史記志疑》。

③ “攻敔大叔”之稱見程橋三號墓出土的盤銘，原作“工虡”，器主爲餘祭，作於諸樊爲王時。因其是諸樊首弟，故稱“大叔”。詳拙文《程橋新出銅器考釋及相關問題》，《東南文化》1991年1期。

文公上》：“滕文公爲世子，將之楚，過宋而見孟子。”義□，地名。“義□”之義即《説文》之“䣜”。《説文》：“䣜，臨淮徐地，从邑，義聲。《春秋傳》曰：‘徐䣜楚’。”段玉裁注：“今安徽泗州州北五十里有故徐城廢縣。䣜者，徐縣地名也。”按《説文》所引見《左傳》昭公六年，今本作“徐儀楚”，傳世及出土的徐國青銅器銘文均作“義楚”，見徐王義楚耑、義楚盤及義楚之子劍①，可知“䣜”爲“義”的地名（或人名）專用字。據《説文》，義地在臨淮，爲徐邑。“義”後一字已鏽蝕，疑爲邑名的後綴字，也有可能爲另一徐邑名。

初命伐□，有隻

初命，當初接受命令，指這次行動的初衷。“伐”後一字右旁“邑”約略可辨，左旁不清，不知所伐爲泗水流域何邦小國。“有”字原蝕佚，乃是據文義擬補。“隻”即“獲”字初文，從商代甲骨文開始即用爲“獲”。有獲，有所俘獲。

型伐郐

型字原篆下从田，爲“型”之異構。型，讀爲“荆”，兩字均从“刑”得聲，可通。《説文》：“荆，楚。木也。”荆，楚國的别稱，《史記·吳太伯世家》：“太伯之犇荆蠻。”司馬貞《索隱》：“荆者，楚之舊號，以州而言之曰荆。”又《穀梁傳》莊公十年、十四年、二十八年並謂：“荆者，楚也。”從青銅器銘文看，“楚”爲楚國自稱，他國稱其爲“荆”似乎帶有貶意。吳王壽夢二年（公元前 584 年），是時晉楚爭霸，晉國爲了削弱楚國，特派巫臣出使吳國，“教吳乘車，教之戰陳，教之叛楚。……吳始伐楚，伐巢，伐徐。……蠻夷屬於楚者，吳盡取之。”（《左傳》成公七年）從此吳、楚兩國一直處於敵對狀態。

郐，从余从邑，即徐國之“徐”的本字，文獻多作“徐”。《周禮·秋官·雍氏》注：“伯禽以出師征徐戎。”《釋文》：“徐，劉本作郐，音徐。”青銅器銘文凡徐國之名均寫作“郐”。徐國本江淮間蠻夷大國，西周時曾一度威脅到周王朝的安危，春秋時期國力漸弱，與吳國時友時敵，最後被吳國所滅。壽

---

① 本文除特別注明外，所引銅器銘文均見中國社會科學院考古研究所編《殷周金文集成》有關各册，中華書局，1984～1994 年。

夢爲王時，徐國因受楚人壓迫，投靠吳國，後來徐王還娶了吳國王室之女爲妻①。所以當徐國受到楚國侵伐時，吳國出兵協助抗擊。

余斿逆

余，我，第一人稱。斿，從"宀"，新聲，同《説文》"寴"字，也即"親"字或體，相同構形見於戰國中山王鼎。逆，同"迎"，《説文》："逆，迎也。從辵，屰聲。關東曰逆，關西曰迎。""親逆"，親自迎敵。

敗三軍

敗，戰敗，此指把對方打敗。鄂君啓節銘："大司馬昭陽敗晉師於襄陵之歲。""敗"字用法同此。軍，軍隊編制單位。《周禮·地官·小司徒》："五旅爲師，五師爲軍。"鄭玄注："軍，萬二千五百人。"三軍，也見戰國中山王鼎銘："今慮（吾）老貯親率叁（三）軍之衆。"銘文"三軍"未必是實數。

隻車馬

隻，即"獲"。"車"字原銘已剥蝕，從文義補。"馬"字也殘去下半部分。春秋時期流行車戰，故俘獲之物品往往有車馬。陝西眉縣新出土的四十二年逨鼎銘文，記録器主伐戎的戰績是"執訊隻（獲）馘，孚（俘）器車馬。"② 也是"車馬"連言，可以參考。當然，也不排除"車"字或是數目字的可能性。

攴七邦君

攴，義同"擊"。《説文》："攴，小擊也。"段玉裁注："手部曰：'擊，攴也。'此云'小擊也。'同義而微有別。按此字從又、卜聲，又者手也，經典隸變作'扑'。"邦，《説文》謂"國也"。段玉裁注："《周禮》注曰：'大曰邦，小曰國。'析言之也。許云：'邦，國也。''國，邦也。'統言之也。"邦君，國君。

根據銘文，這次軍事行動規模不小，楚國出動三軍討伐徐國，並得到七個國家（大概是小國）的支援（有可能是武力支援）。壽夢在位 25 年（公元前 585年~前 561 年）期間，《左傳》所記成公七年後楚與吳的戰爭衹有兩次：

一、成公十七年（壽夢十二年）冬天，舒庸人由于楚軍的戰敗，引

---

① 《左傳》昭公四年："徐子，吳出也。"據此可知昭公四年時的徐王，其母乃吳王或吳國王室之女，其父娶吳女約壽夢之時或稍晚。

② 陝西省考古研究所等《陝西眉縣楊家村西周青銅器窖藏發掘簡報》，《文物》2003 年 6 期。

導吳國軍隊包圍楚國的巢地，攻打駕地，還包圍了厘、咷地。

　　二、襄公三年（壽夢十六年）春天，楚國的子重率領一支經過挑選的軍隊攻打吳國，攻下吳國的鳩茲，到達衡山。派遣鄧廖率領穿組甲的車兵三百人、穿被練的徒兵三千人以侵襲吳國。吳軍攔腰阻擊楚軍，俘虜鄧廖。逃脫的祇有車兵八十人、徒兵三百人。子重回國三天後，吳軍攻打楚國，佔領了駕地。

這兩次戰役均與銘文所記無關。在中原國家的眼裏，吳、楚、徐等均爲蠻夷之國，所以《春秋》經傳等正史漏記其史事甚多，不足爲奇。"國之大事，在祀與戎。"餘祭將這次戰爭經過鑄銘於劍上，其目的正是爲了炫耀自己的赫赫"戎功"。銘文可補史料之缺。

　　綜上所述，本篇銘文的大意謂，攻敔王姑發難壽夢的兒子虡𨺉郜，往徐國的義邑去，當初是受命伐某國，有所俘獲。正好遇到楚國來伐徐國，於是親自迎敵，進攻他們。結果打敗了楚之三軍，俘獲若干車馬。這對追隨楚國（伐徐）的七個國君來説，也是一次打擊。

　　附記：本劍有關資料承紹興越文化博物館提供，上海博物館協助去鏽，李永嘉先生幫助攝影和墨拓，特此一併致謝。

（原載《文物》2005 年 2 期）

補記：
1988 年 7 月，湖北省穀城博物館在該縣城關鎮徵集到一件帶銘文的銅劍，劍身近格處有兩行銘文，共 12 字[1]（圖二三）：
　　　　攻盧王虡戉此
　　　　郜自乍（作）元用鐱（劍）。

---

①　陳千萬《湖北穀城縣出土"攻盧王虡戉此郜"劍》，《考古》2000 年 4 期。

此劍吳王名全稱作"攻盧王戲鈇此郘"，與上面
討論的劍銘核校，从"戈"从"句"的"鈎"字偏旁
互易（這在古文字構形中常見），"郘"字右旁"余"
下所从的"口"有訛誤，王名作四字（可見前者是
由四字省作三字）。毫無疑問，此劍的吳王與我們上
面討論的吳王壽夢之子戲鈎郘，可以認定為同一人。

　　我已經指出，吳王壽夢之子戲鈎郘，就是後來
繼諸樊為吳王的餘祭。十分高興的是，本劍的器主
"戲鈇此郘"，其身份劍銘正標明為"攻盧王"，證實
了我的考證結論。[①] 本文寫作時漏引了這條十分重要
的材料，是不應該有的疏忽。

圖二三

---

① 原報道作者陳千萬先生指出："疑'攻盧王戲鈇此郘'即'句餘'之省稱"，又認為器主"為
　吳王壽夢第三子即《史記》所記吳王'餘眜'，《左傳》所記'句餘'。"與我的看法不盡相
　同。

配兒句鑵銘文跋

　　1977 年 6 月，於浙江省紹興市亭山之狗頭山西南麓，發現兩件青銅句鑵[①]，出土時被發現者砸成碎片售於當地廢品收購站，後由文物部門及時收回，交浙江省博物館修復，現藏浙江省博物館。

　　由於兩件青銅句鑵曾遭破壞，雖經修復去鏽，但仍有一些銘文殘損不顯，好在甲、乙兩器銘文相同，缺文可以互補，減少了一些遺憾。甲器現存 52 字（圖一、二），乙器現存 26 字（圖三、四），完整銘文據我計算應爲 65 字，現將甲器銘文按原行款寫出釋文（缺字參考乙器，擬補字按青銅器銘文慣例）：

　　　　［隹（唯）□月初］吉庚午，吳
　　　　［王］□□□［之］冢子配
　　　　兒曰：余勢（熟）戕于戎攻
　　　　戲（且）武，余卹［龏威］騏（期），不
　　　　敢誇舍，擇氒（厥）［吉］金鉉
　　　　鏐鏽鋁，自乍（作）鉤［鑵］，余台（以）
　　　　宴賓［客］，台（以）樂我者（諸）父，
　　　　子［孫］用之，先人是訏（予）。

　　沙孟海先生已有專文對這兩件句鑵作了很好的考釋[②]，今在沙先生文章的基礎上，略作補充。

---

① 　紹興市文管會《紹興發現兩件鉤鑵》，《考古》1983 年 4 期。
② 　沙孟海《配兒鉤鑵考釋》，《考古》1983 年 4 期。

圖一　　　　　　　　　　　　　　圖二

冢子配兒

　　冢，原篆有剝蝕，存作“ ”，疑爲“冢”字之殘。《爾雅·釋詁》：“冢，大也。”《周禮·天官》：“乃立天官冢宰。”鄭注：“冢宰，大宰也。”所以，“冢子”猶言“大子”。大子，典籍或作“大子”（如《左傳》），或作“太子”（如《史記》），一般指諸侯之嫡長子。傳世銅器齊侯壺銘云：“齊侯命大子乘傳來句宗白（伯），聽命于天子"，越國兵器越王大子矛銘文云："於越嗣王旨於之大子不壽"①，可以參看。

　　配兒，人名，即器主名。因吳王名字適殘，不能正確判斷爲哪位吳王之子。根據筆者的研究，青銅器銘文中吳國國名寫作"吳"，最早始於吳王闔廬時期。②　吳王闔廬之名銅器銘文或作"光"或作"光趄"、"光韓"，吳王光之後祇有吳王夫差一人，銅器銘文也作"夫差"，但據器物文字剝蝕位置可判斷此"吳王"後應有 3 字，難以與"光"、"光趄（韓）"或"夫差"相對應。倘若銘文本來作"吳王之孫某之冢子配兒"，也是有可能的。沙孟海先生以爲配兒即吳王闔廬之太子波，夫差之兄，可備一說。但有一點可以肯定，從器主的國名寫作"吳"來看，配兒句鑃的製作年代祇能是吳王光或夫差時期。

　　孰戕于戎攻叡武

　　孰，原篆作毃，同於伯侄簋，此處讀爲"熟"，熟從"孰"得聲，故通。熟，訓爲精通。《韓非子·六反》："今學者之說人主也，皆去求利之心，出相愛之道，是求人主之過父母之親也，此不熟於論恩，詐而誣也，故明主不受也。"

　　戕，讀爲"臧"，臧從"戕"得聲，可通。臧，善，好。《爾雅·釋詁》："臧，善也。"《書·冏命》："發號施令，罔有不臧。"

　　"戎攻"，叔夷鐘、嘉賓鐘亦作"戎攻"，不期簋、虢季子白盤作"戎工"，《詩·大雅·蕩之什·江漢》作"戎公"，均爲同音假借。戎攻，征伐之事。孫詒讓云："戎攻亦當訓大事。"③　"大事"，指兵事。《左傳》成公十三年："國之大事，在祀與戎。"

　　叡，"且"之繁構。武，勇武，《詩·鄭風·羔裘》："羔裘豹飾，孔武有力。""且武"亦見《詩·鄭風·叔于田》："洵美且武"。

　　虢季子白盤銘云："胄武于戎工"，與本句可互參。

　　邲龔威期

　　金文成語，郑公牼鐘、郑公華鐘作"畢龔威忌"，陳旼簋作"襄龔愧忌"，此作"邲龔威期"。

　　邲，讀爲"毖"，邲、毖均從"必"得聲，可通。《說文》："毖，慎也。"

---

① 曹錦炎《越王大子矛考釋》，載《吳越地區青銅器研究論文集》，兩木出版社，1997 年。
② 曹錦炎《從青銅器銘文論吳國國名》，《東南文化》1991 年 6 期。
③ 孫詒讓《古籀拾遺·齊侯鎛鐘》。

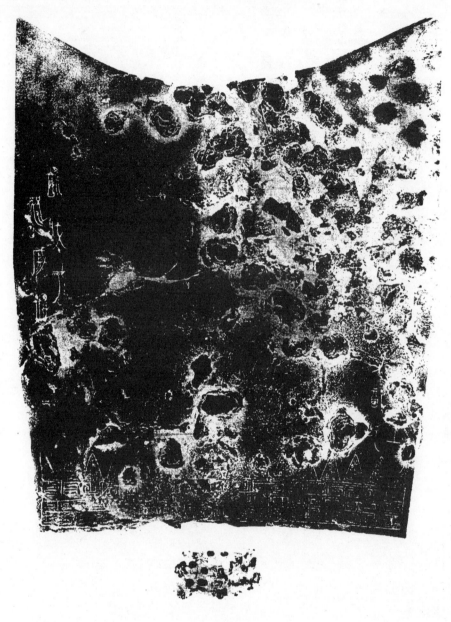

圖三

龏，通"恭"。《爾雅·釋詁》："恭，敬也。""威期"讀爲"畏忌"，同音通假。
畏忌，害怕，顧忌。《詩·大雅·桑柔》："匪言不能，胡斯畏忌。"《左傳·昭公
二十五年》："爲刑罰威獄，使民畏忌。"孫詒讓指出："愍龏威忌，言其慎愨畏

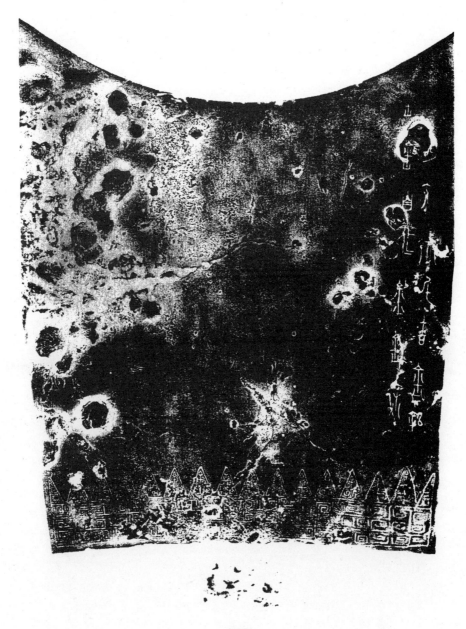

圖四

忌也。"①

不敢誇舍

誇，金文初見，《説文》亦無，《集韻》、《類篇》謂："語相戲"；《字彙》

①　孫詒讓《古籀拾遺·邾公華鐘》。

云："妄語"。舍，訓爲止、息，《禮記·月令》："耕者少舍"，高誘注："舍猶止也"；《漢書·高帝紀》："遂西入咸陽，欲止宮休舍"，注引顏師古曰："舍，息也。""不敢諕舍"，猶言"不敢怠慢"。

鉉鏐鏽鋁

四種金屬名稱，鑄銅器時的原料，也就是所謂"吉金"。

鉤鑃

或作"句鑃"，形似鉦，樂器，其名不見於典籍。王國維云："古音翟聲與睪聲同部，又翟鐸雙聲字，疑即鐸也。然三器銘文或云'睪其吉金鑄句鑃，以享以孝'，或云'以樂賓客，及我父兄'，則其器乃用於祭祀、賓客，與鐸之用於軍旅者不同。然吳越間禮俗自與中原不同，不能據此銘文謂其器非鐸也。"[①]

先人是訏

"先人"，祖先。《書·多士》："惟爾知惟殷先人，有册有典。"訏，從"言"，"予"聲，當爲"予"之繁構，訓爲"授予"、"給予"。《詩·小雅·采菽》："彼交匪紓，天子所予。"《史記·五帝本紀》："堯乃賜舜絺衣，與琴，爲築倉廩，予牛羊。"

---

① 王國維《觀堂集林·古禮器略說》。

搏武鐘跋

　　宋代出土有一件所謂"董武鐘"，最早著録於王厚之的《鐘鼎款識》書中，銘文分鑄於鉦部及兩鼓（圖一）。筆者在一篇小文中曾指出，所謂"董武"，乃前人誤釋耳①。因限於篇幅，當時祗作了釋文而未加考證。今補考釋如次。

圖一

戎趄　　　　　　　　　　　　　　　　　　　　　　【右鼓】

搏武，敔

---

① 曹錦炎《"能原"鎛銘文初探》，中國古文字學會第八次年會論文（油印本），1990年。

　　內（入）吳疆。　　　　　　　　　　　　　　　【鉦部】
　　自乍（作）禾　　　　　　　　　　　　　　　　【左鼓】

　　戎趄

　　戎，兵戎。《説文》："戎，兵也。"引申爲兵事，《周禮·巾車》："以即戎"，注："戎，兵事。"本銘指軍隊。"趄"，讀爲"桓"。《詩·桓序》："桓，武志也"；《書·牧誓》："尚桓桓"，傳："武貌"；《爾雅·釋訓》："桓桓，威也"。

　　搏武

　　搏，《管子·霸言》："搏國不在敦古"，注："聚也"；《廣雅·釋詁》："搏，著也"。"戎桓搏武"，言器主之軍隊勇猛威武。

　　敷入吳疆

　　敷，見《詩·大雅·常武》："鋪敦淮濆"，韓詩"鋪"作"敷"，同。西周金文作"博"、"搏"、"戟"，或作"戣"，均爲同音通假字。"敷"，讀爲"搏"，《廣雅·釋詁》："搏，擊也"。"搏入吳疆"，打到吳國境內。

　　自作禾

　　"禾"下接"鐘"字，應在下一鐘。

　　據銘文，此爲一組編鐘之一件，前後均應有鐘銘與之銜接，惜已佚。銘文記錄器主率軍攻入吳國境內，因而鑄鐘銘功紀烈。從銘文鳥蟲書構形特點來看，此鐘應屬楚器。[①] 故可透過典籍記載察知一二。

　　《左傳》昭公四年："秋七月，楚子以諸侯伐吳，……使屈申圍朱方。八月甲申，克之。執齊慶封而盡滅其族。"這次楚軍一直攻入吳國境內，而且曾短時間佔領過朱方（今鎮江市丹徒一帶）。昭公四年即公元前 538 年，銘文所記或即此役？器主或即屈申？

　　附帶指出，據銘文，此時吳國尚存，故鐘的時代應定於春秋晚期。《殷周金文集成》將其定爲"戰國早期"，不確。

　　（原載《于省吾教授百年誕辰紀念文集》，係《鳥蟲書研究（三篇）》之一，吉林大學出版社，1996 年）

―――――――――

　　① 詳拙著《鳥蟲書通考》，上海書畫出版社（待出版）。

論張家山漢簡《蓋廬》

1983 年底至 1984 年初，在湖北江陵張家山一座漢墓中出土了一批竹簡，主要是漢律和古佚書，《文物》1985 年第 1 期對此作了全面的概述（以下簡稱《概述》)①。在這批竹簡中有一部分簡，記載蓋廬與申胥的問答，竹簡整理小組根據內中有一簡簡背有“蓋廬”二字，視爲書題，將其定名爲《蓋廬》，並作了扼要的介紹。最近，《張家山漢墓竹簡》一書已由文物出版社出版，公佈了這部分簡的全部圖版和釋文（以下簡稱《釋文》)②。蓋廬即吳王闔廬，申胥即伍子胥。竹簡出土，不僅使我們看到已佚《伍子胥》一書的原貌，而且對研究吳越的學術思想，提供了嶄新的資料。現就有關問題，展開討論。

一　篇題與書名

整理小組在《釋文》的“說明”中指出：

　　《蓋廬》共有竹簡五十五枚，簡長三十至三十點五釐米。書題寫於末簡背面。全書共九章，各章皆以蓋廬的提問爲開頭，申胥（伍子胥）的回答爲主體。

從竹簡來看，除首簡外，其餘凡有“蓋廬曰”的簡首均標有黑點，從內容分析都是一章的開端。首簡作“蓋廬問申胥曰”，乃是文章的起首，故毋需（省

---

① 　張家山漢墓竹簡整理小組《江陵張家山漢簡概述》，《文物》1985 年 1 期。
② 　張家山二四七號漢墓竹簡整理小組《張家山漢墓竹簡［二四七號墓］》，文物出版社，2001年。本文所引簡文釋文，原則上依該書《釋文》，個別之處有酌改。

略）黑點標號。根據秦漢簡帛的通例，黑點一般是作爲篇章號的，這説明竹簡確實是分章的。《釋文》根據文義，將竹簡綴聯成一篇分爲九章，應該是可信的。

需要討論的是，《蓋廬》究竟是書題還是篇題？因爲這牽涉到《蓋廬》是屬哪一部古佚書的問題。

編號爲 55 號簡的背面書有"蓋廬"二字，根據簡牘的通例，"蓋廬"應是這批簡的題目。《概述》和《釋文》都强調"蓋廬"爲書題（見上引），我以爲這應該是篇題而不是書題。

先秦之書，大多本無書名篇題，而是由編輯論纂而定。余嘉錫先生曾指出，古書多無大題（書題），而祇有小題（篇題）①，從已發現的簡帛書籍來看，確實如此。小題（篇題）取名的原則，一般是摘取每篇開頭或首句中幾個字爲篇題，初無特別意義②。用爲問答體裁的篇題，以人名爲篇題者比比皆是，大體上不取"問"以下之字爲篇題。如《論語》一書，"顏淵問仁"篇題爲《顏淵》，"子路問政"篇題爲《子路》，"衛靈公問陳於孔子"篇題爲《衛靈公》。再如《孟子》書中，"公孫丑問曰"篇題爲《公孫丑》，"萬章問曰"篇題爲《萬章》。出土文獻也有其例，如馬王堆帛書《易傳》中，"繆和問于先生曰"原存篇題爲《繆和》，"昭力問曰"原存篇題爲《昭力》，等等③。由此可證，《蓋廬》的定名也是摘取首句"蓋廬問申胥曰"的首二字"蓋廬"爲名。《蓋廬》祇是篇題，絕不是書題。

目前出土文獻中所見篇題，年代最早的是上海博物館從香港購藏的戰國楚竹書，共發現二十餘名時人書寫的篇題④。由於資料尚未全部公佈，還不清楚其書寫形式。根據上世紀 70 年代出土的銀雀山漢簡，篇題的書寫形式主要有三種⑤：

　　1. 將篇題單獨寫在篇首第一簡的正面，該篇正文從第二簡開始。

①　余嘉錫《古書通例》，上海古籍出版社，1985 年。

②　朱熹説："'學而'，説此篇名也，取篇首兩字爲別，初無意義。"見《朱熹集·答張敬夫問目》。

③　參看張立文《〈郭店楚墓竹簡〉的篇題》，載《郭店楚簡研究》（《中國哲學》第二十輯），遼寧教育出版社，1999 年。

④　馬承源主編《上海博物館藏戰國楚竹書（一）》"前言"，上海古籍出版社，2001 年。

⑤　參看吳九龍《銀雀山漢簡釋文》"敍論"，文物出版社，1985 年。

2．寫在篇首第一簡簡背，正面書寫正文。

3．寫在篇末最後一簡的文字結束處下面。

《蓋廬》的篇題寫在篇末最後一簡的簡背，形式兼有 2、3 的特點，是新出現的一種形式。這種書寫在簡背的形式主要是爲了便於檢索，因爲簡册書寫完畢後，是捲起來放置的，故題於首簡（或末簡）簡背的篇題就外露，一見便知。以前祇見到篇題寫在首簡簡背的形式，故學術界認爲簡册捲的方向是從左到右，甚至有人認爲這是中國人書寫方式從右到左的緣故，現在《蓋廬》篇題的發現，説明並不儘然，簡册也可以從右到左捲。

既然《蓋廬》祇是篇題，那麼它應該是哪本古佚書的殘篇呢？

竹簡所記的内容，全部是蓋廬與申胥的問答。蓋廬即吳王闔廬，見於《左傳》、《史記·吳世家》，蓋、闔乃同音通假。典籍訓“何也”的盍（見《廣雅》）字，或作蓋、闔，如《莊子·養生主》：“善哉！技蓋至此乎？”《戰國策·秦策》：“勢位富貴，蓋可忽乎哉？”《管子·小稱》：“闔不起爲寡人壽乎？”《莊子·徐无鬼》：“闔不亦問是已”[①]，是其例。闔廬，典籍或作闔閭，見《吳越春秋》。申胥，即伍子胥，見《國語·吳語》韋昭注。魯昭公二十年，伍奢誅於楚，其子子胥奔吳，吳與之申地，故曰申胥。《越絶書》或稱“申胥”，或稱“伍子胥”，是其證。

《概述》已經指出，竹簡“係一篇兵家著作，篇中蓋廬祇是提問，主要内容都是申胥的話，因此實際上記述申胥的軍事思想”，並且將其與《漢書·藝文志》的《伍子胥》聯繫起來，這無疑是正確的。但又説：“《漢志》的《伍子胥》列於兵技巧，而竹簡《蓋廬》則類於《漢志》的兵陰陽家，所以簡文是否《伍子胥》書的一篇，恐難遽定。至於雜家《伍子胥》八篇，恐更無關。”此説值得商榷。

《漢書·藝文志》的《諸子略》中，“雜家”有“《五（伍）子胥》八篇”，並云“名員，春秋時爲吳將，忠直遇讒死”。《兵書略》中，“兵技巧”有“《五（伍）子胥》十篇”（班固自注：圖一卷）。《漢志》的分類，大體依據劉向的《七略》，而先秦古書雖經向、歆父子整理，“以人類書”，匯總到一起，但往往分合無定，出此入彼，且著録歸屬也有異。如《管子》，《七略》及

---

① 參見王引之《經傳釋詞》。

《隋志》入於法家,《漢志》却隷之道家;《慎子》本來是道家,《漢志》却列入法家;《蘇子》其實是法家,《漢志》却列入儒家,等等。所以,不能僅憑《漢志》的分類來判斷竹簡《蓋廬》的歸屬,應從其本身內容來著眼。

《蓋廬》篇的第一章係"總論",接下來是分論:第二章論"天之時",第三章論"軍之法",第四章論"戰之道",第五章論"攻之道",第六章論"攻軍之道",第七章論"擊敵之道",第八章論"救民之道",第九章論"救亂之道"(爲了稱引方便,以下討論時採用引文中文字爲章題)①。從《蓋廬》全篇分析,包含著兩方面的內容:一是論治國使民之道,二是講用兵攻敵之法,不僅僅限於軍事範圍。《漢書·藝文志》總結"兵技巧類"的特點時指出,"技巧者,習手足,便器械,積機關,以立攻守之勝者也。"依據先秦學術流派來劃分,竹簡《蓋廬》是很難歸入"兵技巧類"的。

《史記·南越列傳》:"故歸義越侯二人爲戈船、下厲將軍",《集解》引臣瓚曰:"《伍子胥》書有戈船,以載干戈,因謂之戈船也。"按"戈船"爲"弋船"之訛,或作"翼船"②。這裏提及的《伍子胥》書中有"弋船",雖不見於簡文,然《文選·車駕幸京口,三月三日侍遊曲阿後湖作》注引伍子胥《水戰兵法內經》③中,却還保留了一段佚文(佚文缺字,據《太平御覽》補):

　　　　大翼一艘,廣一丈五尺二寸,長十丈。容戰士二十六人,櫂五十人,舳艫三人,操長鈎矛、斧者四,吏、僕射長各一人,凡九十一人。當用長鈎矛、長斧各四,弩各三十二,矢三千三百,甲、兜鍪各三十二。中翼一艘,廣一丈三尺五寸,長九丈六尺④。小翼一艘,廣一丈二尺,長九丈。

《太平御覽》卷三百十五引略有不同。臣瓚稱"《伍子胥》書",《文選》注稱"伍子胥《水戰兵法內經》",顯然這篇佚文無疑屬於兵家《伍子胥》。從內容看,正可歸入《漢志》的"兵技巧"類。由此也可窺兵技巧類《伍子胥》之一斑。

---

① 除第一章外,章題均取自每章簡文(義)。
② 詳拙文《〈越絕書〉"戈船"釋義》,《文史》第36輯。
③ 《文選》注稱《越絕書》文。
④ 原作五丈六尺,依《文選·七命》注改。

《漢書·藝文志》在總結"雜家類"的特點時指出："雜家者流，蓋出於議官。兼儒、墨，合名、法，知國體之有此，見王治之無不貫，此其所長也。"竹簡《蓋廬》雖然是一篇兵家著作，但其內容，既有兵家的特點，也有陰陽數術的特點，且兼有儒、墨、名、法色彩，將之歸入"雜家類"，應該是沒有多大問題的。因此，我以爲竹簡《蓋廬》就是《漢志》雜家《伍子胥》中的一篇。當然，《漢志》所著錄的兩種《伍子胥》，也有可能在戰國時本爲一編，及"劉向父子，領校秘書，閱定九流"① 之後，才分隸於兩家。

二　成書年代和抄寫時間

任何一種古佚書的發現，便會很自然地提出該書的成書年代和抄寫時間等問題，竹簡《蓋廬》也不例外。

《簡報》根據竹簡《蓋廬》中帶有兵陰陽色彩，推論其產生於先秦，這個大前提是可取的。然而，具體說它的成書時代應該定在什麼時間呢？《概述》和《釋文》均沒有討論。下面試作分析。

《蓋廬》首簡第一句話就是"蓋廬問申胥曰"，以後凡標有篇章號的簡開首均爲"蓋廬曰：……"，接下來是"申胥曰：……"，君臣對話的體例貫徹始終。這種以君臣對話形式出現的文體，如《孫子》、《吳子》、《孫臏兵法》、《尉繚子》及《孟子》的一些篇章等，都說明了它們成書背景的共通性和時代的真實性。闔廬和伍子胥都是春秋晚期吳國的著名人物，見於經史典籍，他們的真實性是毋庸置疑的。因此，竹簡《蓋廬》記載的伍子胥答闔廬問，也應該是可靠的，它不同于先秦時的某些託名之作。但是，記載的可靠性，並不等於此書非出自伍子胥之手不可。

先秦諸子，大抵不自著書，"諸子之文，皆由後世之門人小子撰述成書"②，所以它們的成書年代，一般均晚於該書的學派代表人物。諸子之書，經過劉向、劉歆父子校讎，題以某子，強調的祇是某氏之學，而不是某人所撰。古書普遍題寫撰人是從《隋書·經籍志》才開始的③，這已由出土發現得到證明。因此，《蓋廬》也同樣，應當是出於伍子胥門人弟子之手，儘管不排

---

① 《後漢書·張衡傳》。
② 孫星衍《孫子略解序》，載《問學堂集》卷三。
③ 余嘉錫《古書通例》，上海古籍出版社，1985 年。

除有部分篇章出於伍子胥自著的可能性。所以，竹簡《蓋廬》的成書上限，不會早於春秋之末。

應當指出，《蓋廬》中已提到了黃帝，《總論》章云："黃帝之正天下也，大（太）上用意，其次用德，其下用兵革，而天下人民、禽獸皆服。"黃帝的傳說，最早見於《左傳》、《國語》和《逸周書》，這三種古籍，雖記載了春秋乃至西周的時事傳聞，但學術界均認爲它們是戰國時代的作品。我們知道，百家言黃帝，乃是盛行於戰國中、後期的事，但是《蓋廬》中黃帝的形象，則與戰國中、後期法家著作中黃帝的形象有所不同。後者筆下的黃帝，已成爲一位用法嚴明、好治甲兵的專制君主①。而《蓋廬》中的黃帝，祇是一位"太上用意，其次用德，其下用兵革"的賢聖。

《蓋廬》在談到黃帝正天下所用之法時說："其法曰：'天爲父，地爲母，參（三）辰爲剛（綱），列星爲紀，維斗爲擊，轉橦（動）更始'。"（《總論》）馬王堆帛書《黃帝書》中的《十六經·果童》說："黃帝曰：夫民卬（仰）天而生，侍（待）地而食，以天爲父，以地爲母。"到了《管子·五行》篇，則成爲："天道以九制，地理以八制，人道以六制。以天爲父，以地爲母，以開乎萬物，以總一統。通乎九制六府三充，而爲明天子。"《鶡冠子·泰時》作："故聖人立天爲父，建地爲母。"在《蓋廬》中，順應天地、日月星辰隨斗柄"轉動更始"，這種自然現象（法則）乃是黃帝所用之法，到了帛書《黃帝書》中，強調成"民以食爲天"的民本思想，而在《管子》中，則成爲"明天子"即明君的標準，到《鶡冠子》中，已變成"聖人"所立之法。從簡單樸素的宇宙觀，演變成聖人所創立的法則，其遞變痕迹不難發現。

唐蘭先生已指出，《黃帝書》的成書年代應在戰國早、中期之際②，而李學勤先生更進一步推斷其不晚于戰國中期③。《管子》的成書，一般認爲是戰國中期，《鶡冠子》則更晚。由《蓋廬》述及的黃帝情況來看，其成書年代顯然要早于《黃帝書》和《管子》。

不可否認，《蓋廬》篇中確實帶有較濃厚的陰陽五行色彩，如：

四時五行，以更相攻。天地爲方圓，水火爲陰陽，日月爲刑德，立

---

①　參見吳光《黃老之學通論》，浙江人民出版社，1985 年。

②　唐蘭《馬王堆出土〈老子〉乙本卷前古佚書的研究》，《考古學報》1975 年 1 期。

③　李學勤《范蠡思想與〈黃帝書〉》，《浙江學刊》1990 年 1 期。

爲四時，分爲五行。（《天之時》）

大（太）白金也，秋金强，可以攻木；歲星木［也，春木］强，可以攻土；塦（填）星土也，六月土强，可以攻水；相星水也，冬水强，可以攻火；營（熒）或（惑）火也，四月火强，可以攻金。此用五行之道也。

［秋］生陽也，木死陰也，秋可以攻其左；春生陽也，金死陰也，春可以攻其右；冬生陽也，火死陰也，冬可以攻其表；夏生陽也，水死陰也，夏可以攻其裏。此用四時之道也。（《攻之道》）

一般認爲，五行生克之説，出現較晚，如説："五行之説，由來久矣。而五行相克之説，則起于鄒衍。"[①] 但由於 70 年代銀雀山漢墓出土了兩種《孫子》兵法，其中已涉及五行相勝之説，因此引起了學者對陰陽五行説的來源作新的反思，"以'陰陽''五行'來斷定彼等之作成時代，恐怕失去準確性"[②]。

《孫子·虛實》："故五行無常勝，四時無常位，日有短長，月有死生"；《孫臏兵法·地葆》："凡地之道，陽爲表，陰爲裏"；《奇正》："代興代廢，四時是也；有勝有不勝，五行是也。"其實，這種陰陽學説，與《蓋廬》的"四時五行，以更相攻"（《天之時》）、"星辰日月，更勝爲右，四時五行，周而更始"（《攻之道》）、"皮（彼）興之以金，吾擊之以火；皮（彼）興［之］以火，吾擊之以水；皮（彼）興［之］以水，吾擊之以土；皮（彼）興之以土，吾擊之以木；皮（彼）興［之］以木，吾擊之以金。此用五行勝也。春擊其右，夏擊其裏，秋擊其左，冬擊其表，此胃（謂）倍（背）生擊死，此四時勝也"（《戰之道》）等，都是偏重于陰陽天道（即數術），從勝敗、死生的角度講"四時""五行"，與後來鄒衍所著重强調的"五德終始"那一套陰陽五行學説，尚有較大的距離。所以，不能以竹簡《蓋廬》具有陰陽五行色彩，而把其視爲戰國後期作品。

據《史記》等書記載，孫武是因伍子胥推薦而成爲吳王闔廬的客卿，孫臏乃是孫武的子孫，其雖晚于孫武百餘年，但仍繼承了孫武的思想。儘管孫

① 齊思和《〈孫子〉著作時代考》，《燕京學報》第 26 期。
② 鄭良樹《論〈孫子〉的作成時代》，載《竹簡帛書論文集》，中華書局，1982 年。

武和伍子胥學派淵源有自，但兩人同事闔廬，互相影響乃屬正常現象。學術思想無孑然獨立者，並時之人，必或與之相出入①。由於銀雀山竹簡的出土，對《孫子》的成書年代，學術界較傾向于定在戰國前期②，那麼《蓋廬》的成書時間，也應與之接近③。

從《蓋廬》與先秦諸子相似文句的比較，也可以判斷其的成書年代。

前已引及《黃帝書》、《管子》、《孫子》等與《蓋廬》的比較，下面再舉出一些例子。

《蓋廬·戰之道》說："毋要堤堤之期（旗）④，毋擊堂堂之陳"，《孫子·軍爭》作"無要正正之旗，勿擊堂堂之陳"⑤，竹簡《孫子》作"毋要癐癐之旗，毋擊堂堂之陳"，《淮南子·兵略訓》則作"不襲堂堂之冠，不擊填填之旗"。可見，《蓋廬》的成書時代，當同於《孫子》。

再如，《蓋廬·戰之道》說："前赤鳥、後倍（背）天鼓可以戰，左青龍、右白虎可以戰，招（招）榣（搖）在上、大陳其後可以戰"，《吳子·治兵》作"必左青龍，右白虎，前朱雀，後玄武，招搖在上，從事於下"。這段話也見於《禮記·曲禮上》："前朱鳥而後玄武，左青龍而右白虎，招搖在上……"，舊注謂是"以此四獸爲軍陳，象天也"，其實當是視天象而作戰，屬占星術。值得注意的是，《蓋廬》中的"赤鳥"，《禮記》作"朱鳥"，《吳子》作"朱雀"；特別是《蓋廬》中的"後背天鼓"，《禮記》及《吳子》已改成"後玄武"。我們知道，二十八宿的體系形成後，就被一分爲四，每七宿爲一動物形象，即東方青龍、西方白虎、南方朱雀、北方玄武。然而，在《蓋廬》中未見北方玄武之名，可見其成書年代也必然要早於《禮記》和《吳子》。《吳子》所載，半係吳起與魏文、武兩侯之問答，其成書年代應距之不遠，約在戰國早、中期之際；而《禮記·曲禮》，爲孔門七十二子後學所記者，屬戰國早期毫無問題。再者，二十八宿之名最早見於曾侯乙墓出土的漆箱上，時代屬戰國早期。由此，《蓋廬》的成書年代就可推想而知了。

前面已經指出，《蓋廬》爲《伍子胥》書中的一篇，根據上述討論，我認

---

① 呂思勉《先秦學術概論》，中國大百科全書出版社，1985 年。
② 鄭良樹《論〈孫子〉的作成時代》，載《竹簡帛書論文集》，中華書局，1982 年。
③ 《孫子》已提到"黃帝"，見《行軍》篇。又，銀雀山漢簡《孫子》佚文也提及，見《黃帝伐赤帝》篇。
④ 《釋文》沒有將"期"字看成"旗"的通假字，欠妥。
⑤ 原本"要"作"邀"，孫星衍據《北堂書鈔》及《太平御覽》改回。

爲《伍子胥》的成書年代，當在戰國早期。

　　另外，從《漢書·藝文志》的排列上，也可以窺測《伍子胥》的成書年代。

　　依照《漢志》的通例，書目的排列，同類之中以時代先後爲序①。"雜家"的《伍子胥》列在《大禹》之後，《子晚子》、《由余》、《尉繚子》之前。子晚子，錢大昕疑即《古今人表》中的子服子②，即子服回，魯哀公時人；由余，秦穆公時人；尉繚已見前述。"兵技巧"的《伍子胥》列在《鮑子兵法》之後，《公勝子》之前。公勝子即公乘，見《説苑·善説篇》，魏文侯時人③。由此，也可推定《伍子胥》的成書年代不會晚到戰國中期。

　　竹簡《蓋廬》出於 M247，《概述》據同墓所出的竹簡曆譜，推算墓葬的年代在呂后至文帝初年時，對於竹簡《蓋廬》的抄寫年代，未作進一步闡述。下面提出我的看法。

　　《蓋廬》篇首簡記闔廬問伍子胥曰："凡有天下，何致（毀）何舉，何上何下？治民之道，何慎何守？使民之方，何短何長？"後兩句頗有重複之嫌，伍子胥的回答也稱"治民之道"、"使民之方"云云。頗懷疑，"治民"之"民"本應作"邦"字，乃是避漢高祖劉邦諱而改。因爲，對古代君主來說，邦（國）曰治，民則曰使。如《周禮·天官·太宰》："以六典治邦國"；《晏子·內篇問上》："賢君之治國也，其政任賢，其行愛民"；《尹文子·大道上》："國不治，未之有也"；《論語·學而》："節用而愛人，使民以時"；《呂氏春秋·離俗覽·用民》："先王之使其民，若御良馬"；《吳越春秋·句踐歸國外傳》："於是，越王內修其德，外布其道，君不名教，臣不名謀，民不名使，官不名事"。均其例。另外，《吳越春秋·闔閭內傳》載闔廬元年，舉伍子胥爲行人，以客禮事之，與謀國政，"闔閭謂子胥曰：'寡人欲強國霸王，何由而可？'……子胥良久對曰：'臣聞治國之道，……'"云云，這段話及時間恰好與本篇互爲呼應。伍子胥回答的"治國之道"，正是闔廬所要問的"治民（邦）之道"，可見此"民"字應是避"邦"字諱改。再者，漢代避高祖諱，常見改"邦"爲"國"（上引《晏子》、《尹文子》的"國"字也可能本作"邦"），但早期也有改爲"民"字之例。如馬王堆帛書《老子》甲本"其正（政）察察，

---

①　參見楊伯峻《孫臏和〈孫臏兵法〉雜考》，載《楊伯峻學術論文集》，嶽麓書社，1984 年。
②　錢大昕《三史拾遺》卷二。
③　楊樹達《漢書窺管》，科學出版社，1955 年。

其邦夬（缺）夬（缺）"，乙本此處適殘，據上下文"邦"已改爲"民"，今本"邦"字均作"民"，是其證。如果這個看法成立，那麼《蓋廬》的抄寫年代就不會早于劉邦卒年。

其次，竹簡《蓋廬》不避呂后諱。呂后名"雉"，《救民之道》篇有"不茲（慈）稚弟，不入倫雉者，攻之"句，可證。

按古人"卒哭乃諱"[①]，生者不相避名，至漢景帝時始有生諱之例。由於竹簡《蓋廬》不見惠帝之諱字（惠帝名"盈"），所以我們推定其抄寫時間當在劉邦卒年（公元前 195 年）至呂后卒年（公元前 180 年）之間。考慮到劉邦之諱字竹簡《蓋廬》作"民"而不作"國"，具體抄寫時間很有可能在劉邦卒後不久。

三　《蓋廬》反映的伍子胥思想

春秋戰國之際，正值吳越兩國相繼稱霸時期，出於强兵霸王之需的背景，吳越的學術，最盛行的是兵家[②]。竹簡《蓋廬》，正是吳越兵家著作，通過簡文所反映的伍子胥思想，可以加深我們對吳越學術思想的瞭解和認識。

伍子胥强調，"用兵之謀，必得天時，王名可成。"所謂天時，即："九野爲兵，九州爲糧，四時五行，以更相攻。天地爲方圜，水火爲陰陽，日月爲刑德，立爲四時，分爲五行。順者王，逆者亡。此天之時也。"（《天之時》）《越絕書·計倪内經》記計倪答越王句踐問時説："陰陽萬物，各有紀綱。日月、星辰、刑德，變爲吉凶；金木水火土更勝，月朔更建，莫主其常。順之有德，逆之有殃。"這段話與伍子胥所言，恰可互爲表裏。得天時之法，就是伍子胥在《蓋廬》中所提到的黄帝所用之法："天爲父，地爲母，參（三）辰爲剛（綱），列星爲紀，維斗爲擊，轉橦（動）更始"。這裏所説的，正是後來《尉繚子·天官》篇中所反對的那種"黄帝刑德"，即所謂"天官時日、陰陽向背"的那一套。不過，尉繚認爲，"黄帝刑德"應是"刑以伐之，德以守之，非所謂天官時日陰陽向背也"，兩者不同。但從《蓋廬》篇來看，既稱是黄帝所用之法，自然也應稱"黄帝刑德"。

---

①　《禮記·曲禮上》。

②　李學勤《〈吳越文化新探〉讀後》，《歷史研究》1989 年 3 期。

班固在《漢書·藝文志》中，曾對兵陰陽家的特點作過總結："陰陽者，順時而發，推刑德，隨斗擊，因五勝，假神鬼而爲助者也"。上面已引及，在《戰之道》章中，伍子胥論述春夏秋冬、金木水火土的"四時勝"、"五行勝"，此處又提出"參（三）辰爲綱，列星爲紀，維斗爲擊"，這正是班固所説的"隨斗擊，因五勝"。所謂"斗擊"，或稱"斗繫"，是指北斗對衝之辰，即斗柄所指之十二辰及星宿，《淮南子·天文訓》謂"北斗所擊，不可與敵"。五勝，指"金、木、水、火、土"這五行相勝（克）。由此可見，伍子胥所代表的思想流派，正屬於兵陰陽家。

在軍事行動中講究"天官時日、陰陽向背"的思想，在《蓋廬》中有較多的反映。如《戰之道》章：

> 黃麥可以戰，黃秋可以戰，白冬可以戰，德在土、木在金可以戰，晝倍（背）日、夜倍（背）月可以戰，是胃（謂）用天之八時。左太歲、右五行可以戰，前赤鳥、後倍（背）天鼓可以戰，左青龍、右白虎可以戰，招（招）搖（搖）在上、大陳其後可以戰，壹左壹右、壹逆再倍（背）可以戰，是胃（謂）順天之時。鼓于陰以攻其耳，陳于陽以觀其目，……丙午、丁未可以西鄉（嚮）戰，壬子、癸亥可以南鄉（嚮）戰，庚申、辛未可以東鄉（嚮）戰，戊辰、己巳可以北鄉（嚮）戰，是胃（謂）日有八勝。

在《吳越春秋》中，也有不少的記載。如《句踐入臣外傳》篇，記伍子胥入諫夫差勿赦句踐歸國時説：

> 今年三月甲戌，時加雞鳴。甲戌，歲位之會將也，青龍在酉，德在土，刑在金，是日賊其德也。知父將有不順之子，君有逆節之臣。

再如《夫差內傳》篇，記夫差欲伐齊，伍子胥諫曰：

> 今年七月辛亥平旦，大王以首事。辛，歲會也；亥，陰前之辰也，合壬子歲前合也，利以行武。武決勝矣，然德在。合斗擊丑，丑，辛之本也。大吉爲白虎而臨辛，功曹爲太常所臨亥。大吉得辛爲九醜，又與白

　　虎並重。有人若以此首事，前雖小勝，後必大敗，天地行殃，禍不久矣！

　　其反映伍子胥的思想，和簡文完全一致，可以互相參證。

　　另外，在布陣中，也有講究：

　　　　當陵而軍，命曰"申固"；倍（背）陵而軍，命曰"乘埶（勢)"；前陵而軍，命曰"笵光"；右陵而軍，命曰"大武"；左陵而軍，命曰"清施"。倍（背）水而軍，命曰"絕紀"；前水而軍，命曰"增固"；右水而軍，命曰"大頃"，左水而軍，命曰"順行"。（《軍之法》)

據《尉繚子·天官》說，"故《刑德天官》之陳曰：'背水陳者爲絕紀，向阪陳者爲廢軍'。"① 可見伍子胥所說的，正是天官刑德之陣。這種在戰爭中強調"天官時日、陰陽向背"的目的，正如《淮南子·兵略訓》所言，是"明於星辰日月之運，刑德奇賌之數，背鄉（嚮）左右之便，此戰之助也"。

　　兵陰陽家還十分重視瞻雲望日、察氣觀星、奇門遁甲這一類方術，在《蓋廬》中也有反映。如：

　　　　大（太）白入月、營（熒）或（惑）入日可以戰，日月並食可以戰。（《戰之道》)

　　　　地橦（衝）八日，日橦（衝）八日，日臽（陷）十二日，皆可以攻。（《攻之道》)

　　　　旦望其氣，夕望其埃。清以如雲者，未可軍也；埃氣亂孿（變），濁以高遠者，其中有壇（動）志，戒以須之，不去且來。（《攻軍之道》)

《越絕書·越絕外傳紀策考》開頭記伍子胥回答吳王闔廬，話語中也有"黃氣在上，青黑於下"等一套數術專門詞語。此外，在《越絕書》中有一篇專講望軍氣之法，非常具體，見《越絕外傳記軍氣》篇，末云："右子胥相氣取敵大數，其法如是"。與簡文參證，云出伍子胥之手，確非虛構。正因爲伍子胥屬兵陰陽家，所以在簡文中才會出現那麼多的陰陽數術專門詞語。由此可見，

_____

① 此據《群書治要》本。又，崇文書局本將"紀"改作"地"，據簡文作"紀"不誤。

當時吳越之地的陰陽數術之學已頗爲流行，限於篇幅，此不詳論。

先秦文獻中所說的"時"，是指事物向反面轉化的時機。伍子胥講"天時"，是從自然規律來理解的。其應用到作戰指導上，表現爲特別强調"時"的概念，即在戰爭中及時把握事物發展轉化的時機。在《擊敵之道》中，他指出：

> 適（敵）人侍（待）我以戒，吾侍（待）之以台（怠），皮（彼）欲擊我，我其不能，皮（彼）則數出，有趣（躁）氣，義（我）有静志，起而擊之，可使毋兹（滋）。適（敵）人陳以實，吾禺（遇）以希（稀）。皮（彼）有樂志，吾示以悲，皮（彼）有勝意，我善侍（待）之，適（敵）人易我，我乃疾擊之。

> 適（敵）人來陳，我勿用却。日且莫（暮），我則不出，皮（彼）必去，將有環（還）志，卒有歸慮，從而擊之，可使毋顧。適（敵）人出鹵（?），毋迎其斥，皮（彼）爲戰氣，我戒不鬭，卒鹵（?）則重，衆環（還）不恐，將去不戒，前者已入，後有至意，從而擊之，可使必北。

也就是說，在軍事行動中，一方面要等待形勢轉化，但並不是消極等待，而是創造條件，促進形勢起變化；另一方面，一旦時機到來，要抓住不放，採取行動，"從而擊之"，可取得勝利。其主張和《孫子·計篇》所說："實而備之，强而避之，怒而撓之，卑而驕之，佚而勞之，親而離之，攻其無備，出其不意"的方針完全相同。

這種理論，即在戰爭中不但要重視對立項矛盾雙方的依存、滲透，而且更要重視它們之間消長轉化和如何主動運用它們，也就是哲學上所說的"概括性的二分法"。當然，這些不同於從對大自然的静觀或從抽象思維中所獲得的矛盾觀念和思維方式，是來源於兵家的實踐理論。儘管這種理論還披著"陰陽"學說的外衣，而且著眼點僅僅是軍事方面的問題而不是自然哲學方面的問題，但對研究伍子胥的軍事辯證法思想是很有幫助的。

伍子胥在回答闔廬的"治民（邦）之道"時曾指出，"刑罰爲末，德正（政）爲首。"（《總論》）這裏所說的"刑"、"德"，即《韓非子·二柄》所說的"二柄者，刑德也。何謂刑德？曰：'殺戮之謂刑，慶賞之謂德'"。我們知道，《老子》講德而不講刑，刑德對稱，是屬於黃帝之言。如馬王堆帛書《黃帝書》言："春夏爲德，秋冬爲刑，先德後刑以養生"；"夫並時以養民功，先德後刑，順於天。"（《十六經·觀》）所謂"刑德"，就是統治階級用以統治人民的政治法律制度（刑）和倫理道德原則（德），它們是效應天道的"陰陽"變化規律制訂的。刑是鎮壓工具，德是政治手段、思想武器，德是主要的，刑是輔助的。"先德後刑"、"刑德相養"的兩手政策，既順天理，又合民心①。所以，這種觀點後來也被儒家所採用，如董仲舒就指出："以此見天之顯經隱權，前德而後刑也"②。從伍子胥的"刑德"觀，不難看出其政治主張和思想傾向。

在《蓋廬》中，伍子胥提出這樣一個命題：

　　　蒼蒼上天，其央安在？羊（洋）羊（洋）下土，孰智（知）其始？央之所至，孰智（知）其止？天之所奪，孰智（知）其已？謁（禍）之所發，孰智（知）其起？福之所至，孰智（知）而喜？（《總論》）

這一連六個問句，反映了伍子胥的哲學思想。實際上，這裏所述及的，已是道家哲學的最高範疇，即對"道"的認識問題。

在道家看來，"道"無時不在，無處不有，然而又是高不可察，不可捉摸。如帛書《黃帝書》說："絕而復屬，亡而復存，孰知其神？死而復生，以禍爲福，孰知其極？"（《經法·道法》）和伍子胥的看法一樣，強調的是禍福之生來不可知，"禍福同道，莫知其所從生"（同上）；"禍兮福之所倚，福兮禍之所伏，孰知其極？"（《老子》）然而到了《淮南子·人間訓》中，其看法已經不同，認爲"夫禍之來也，人自生之；福之來也，人自生之。禍與福同門，利與害爲鄰，非神聖人莫之能分"，強調的是可知。從無知到有知，乃是哲學認識論上的一種飛躍。

總之，無論在軍事方面，還是在政治、哲學方面，從《蓋廬》中所反映的伍子胥思想來看，其淵源出自道家毫無疑問。確切地說，伍子胥的思想性質，應歸屬于道家的黃老學派。

漢初風行一時的黃老道家，過去學者多以爲源于齊學，近年由於馬王堆

---

① 唐蘭《馬王堆出土〈老子〉乙本卷前古佚書的研究》，《考古學報》1975 年 1 期。
② 《春秋繁露·王道通三》。

帛書的出土，才知道其淵源實在楚地①。衆所周知，伍子胥本是楚人，後奔吳，所以他的思想深受楚文化熏陶，自屬情理之中。

　　司馬遷於《史記》自敍中追述司馬談論六家要旨，在稱道家之善時説："因陰陽之大順，采儒、墨之善，撮名、法之要，與時遷移，應物變化，立俗施事，無所不宜。"其論陰陽、儒、墨、名、法五家合於道家的看法，在《蓋廬》中也有反映。除上已引述外，再如《救民之道》：

　　　　貴而毋義，富而不施者，攻之。
　　　　不孝父兄，不敬長傻（叟）者，攻之。不兹（慈）稚弟，不入倫雉者，攻之。
　　　　不喜田作，出入甚客者，攻之。
　　　　爲吏不直，狂（枉）法式，留難必得者，攻之。

《救亂之道》章也説：

　　　　暴而無親，貪而不仁者，攻之。賦斂重，强奪人者，攻之。刑正（政）危，使民苛者，攻之。緩令而急征，使務勝者，攻之。

這正是由於道家本身的特點所決定，所以這些不同學派的思想才會在伍子胥身上集中得到體現，並非出於偶然。從這個角度去理解，《漢書·藝文志》將除去兵技巧之外的《伍子胥》八篇列入"雜家"，就不會覺得奇怪了。

四　餘論

　　涉獵過吳越文化的讀者，都知道有一部《越絕書》，然此書却是一本來歷比較複雜的古籍。關於《越絕書》的作者，在最早著錄此書的《隋書·經籍志》及《舊唐書·經籍志》、《新唐書·藝文志》中，作"子貢"，宋《崇文總目》著錄時，除子貢外，又加上"或曰子胥"。雖然自明正德、嘉靖以來，楊慎等學者根據此書第十九篇《篇敍外傳記》中一段有關撰者姓氏籍貫的隱語，

①　李學勤《再論楚文化的傳流》，載《楚文化覓蹤》，中州古籍出版社，1986 年。

提出此書爲東漢時會稽人袁康所作、吳平所定的説法，但是直至今天，對此書的作者、書名及淵源等，仍然存在著一些有待解決的問題①。竹簡《蓋廬》的出土，對解決《越絕書》的一些問題，無疑投下了一束光環。

最早提出《伍子胥》與《越絕書》有關的，是清代的洪頤煊，他在《讀書叢錄》中説："雜家《五子胥》八篇，兵家《五子胥》十篇，圖一卷。頤煊案，《武帝紀》臣瓚曰：《伍子胥》書有戈船；又曰：《伍子胥》有下瀨船。此當在兵技巧家十篇中。《史記正義》引《七錄》云：《越絕》十六卷，或云伍子胥撰。《藝文志》無《越絕》，疑即雜家之《伍子胥》八篇，後人並爲一。故《文選·七命》李善注引《越絕書·五子胥水戰兵法》一條，《太平御覽》三百一十五引《越絕書·五子胥水戰法》一條，引《伍子胥》書皆以《越絕》冠之。今本《越絕》無《水戰法》，又篇次錯亂，以末篇證之，《越絕》本八篇：《太伯》一，《荆平》二，《吳》三，《計倪》四，《請糴》五，《九術》六，《兵法》七，《陳恒》八，與雜家《五子胥》篇數正同。"近人顧實也以爲："（《越絕書》）內傳八篇，今存《荆平》、《王吳》、《計倪》、《請糴》、《陳成恒》、《九術》六篇。審其文字，當即雜家之《伍子胥》書，而餘爲後漢袁康作也。"②他們都認爲雜家《伍子胥》尚存於《越絕書》中。

上已指出，竹簡《蓋廬》，應該屬於雜家《伍子胥》八篇之中，將其與《越絕書》內傳（經）六篇的內容作比較，兩者根本不是一回事，洪氏等人的推測，已被出土文獻證明是沒有根據的。

但是，洪頤煊指出《文選》李注及《太平御覽》引《伍子胥》書皆冠以《越絕書》之名這一點，對研究《越絕書》的形成，頗有啓迪。事實上，前面在討論竹簡《蓋廬》時，我們已經有意識地將簡文與《越絕書》、《吳越春秋》某些篇章加以參證，兩書不僅可以印證簡文的內容，而且還可以校正簡文的個別訛誤。同時，《越絕書》和《吳越春秋》中某些關於陰陽數術的深奧文句，也可以借助簡文得到理解。《吳越春秋》之文，往往依傍《越絕書》，可以互證③（今本《越絕書》自南宋以後已爲殘本）。由此看來，《伍子胥》與《越絕書》無疑有著一定的淵源關係。

筆者認爲，楊慎等根據隱語分析，提出《越絕書》是由東漢時袁康、吳

---

① 陳橋驛《關於〈越絕書〉及其作者》，《杭州大學學報》1979 年 4 期。
② 《漢書藝文志講疏》，上海古籍出版社，1987 年。
③ 錢培名《越絕書劄記·序》。

平撰成的說法，是可取的，但"以爲純出袁康、吳平之手者，亦非也"①。袁康、吳平是根據《伍子胥》和《范蠡》、《大夫種》等吳越著作，參考《左傳》、《國語》、《史記》的有關記載，又摻雜大量的越地舊聞傳說，而加工編寫成的一部地方史書。《伍子胥》衹是《越絕書》取材的一部分。最近有學者提出《越絕書》成書於戰國時代，恐未然②。

最後，附帶談談一個似乎是不成問題的問題。

清人牟庭相在《雪泥書屋雜誌》中提出，伍子胥即孫武，《孫子》十三篇爲伍子胥所著。他說："古有伍胥無孫子，世傳《孫子》十三篇，即伍子胥所著書也。而《史記》有孫臏生阿甄間爲孫之子孫者，實子胥之裔也。知者，據《左傳》哀公十一年子胥囑其子於齊鮑氏爲王孫氏，是爲伍氏之後在齊姓孫，有明驗矣。既用改姓其子，故其著書，亦以自號，其所欲寄託者然也。其書舊題，當曰'孫子武十三篇'，後人習傳，輒曰孫子名武，而不知武者書名，非人名也。其姓名居趾，皆不著於書中，而其子孫居齊，傳述其書，故世人由此稱之曰：'孫子武齊人也'。司馬遷不知孫子即子胥，別爲《孫武列傳》。"又說："蓋子胥自栢舉以前，說聽於闔閭，以覆楚爲事，非遑著書。夫椒之後，以越爲憂，而寢不見用夫差，乃托著書以自見。其書多言越人而不及楚，知爲夫差時作也。覆楚則曰伍子胥，著書則曰孫子，前後異稱，非兩人也。"牟氏之說甚奇異，但貌似有據，言之似乎成理，頗能迷惑人。

前些年在銀雀山出土了竹簡《孫子》十三篇及佚文，現在張家山又出土了竹簡《蓋廬》，從出土竹簡看，兩者根本不是一回事。《蓋廬》文記"蓋廬問申胥曰"云云，《孫子》佚文《吳問》篇記"吳王問孫子曰"云云，明明是二人。從簡文所反映的思想來看也不同，《蓋廬》具有明顯的陰陽數術傾向，而《孫子》卻甚少這方面的內容，這正是他們淵源有自所致。由此可證，伍子胥和孫武絕不會是同一人，儘管在《左傳》和《國語》中遺漏了孫武的記載。

（原載《東南文化》2002 年 9 期）

---

①　余嘉錫《四庫提要辨證》卷七。
②　倉修良《〈越絕書〉是一部地方史》，《歷史研究》1990 年 4 期。

越王鐘補釋

宋人金文著作中曾收録一件著名的越王鐘。見於王黼等《博古圖録》（卷 22 頁 7，以下簡稱《博古》）、王俅《嘯堂集古録》（頁 82、95，以下簡稱《嘯堂》）、薛尚功《歷代鐘鼎彝器款識法帖》（卷 1 頁 2～4，以下簡稱《款識》）以及趙明誠《金石録》（卷 11 頁 1）。《博古》稱之"周蛟篆鐘"、一稱"商鐘"；《款識》均稱之"商鐘"。《博古》還摹有其圖形，注明高七寸五分，甬長四寸九分。此器原藏宗室趙仲爰家，後歸內府，今已不傳世，不知是否毀於靖康之難。

這件甬鐘，容庚先生在其名著《鳥書考》[1] 中首先以越王劍、矛證之。定爲"越王鐘"，並疑爲句踐之子鼯與之器，誠爲真知灼見。後來他在 1964 年發表的同名論文中更進一步指出作器者爲越王者旨於賜（即鼯與）[2]。郭沫若先生在其新版《兩周金文辭大系圖録考釋》的補録中，也肯定了越王鐘之説。但他誤認爲此鐘與者沪鐘同爲王翳之子諸咎所作，則不可信。

越王鐘銘文共 52 字，皆錯鈿紫金，拓本今已不存，各家著録均爲摹本。《款識》分別收有維陽石本、古器物本及《博古》本，前兩本行款仍保持原鐘銘文樣式，上爲鉦間，下爲鼓之左、右（圖一、二）。《博古》、《嘯堂》的行款業已改動，但《嘯堂》頁 82 所收的銘文摹寫絶真，實爲諸本之冠（圖三）。《嘯堂》收録的另一本（頁 95），容、郭兩書均缺收，其實也是此鐘的摹本。祇是由于銘文竄亂不易辨認罷了。諸本銘文字形，摹寫各有異同。

越王鐘的銘文，宋人著作中已有釋文，但錯誤甚夥。容庚先生在《鳥書考》中對宋人釋誤已有所訂正，並識出了大部分字，銘文基本可以通讀。由

---

① 容庚《鳥書考》，《燕京學報》第十六期，1934 年。
② 容庚《鳥書考》，《中山大學學報》1964 年 1 期。

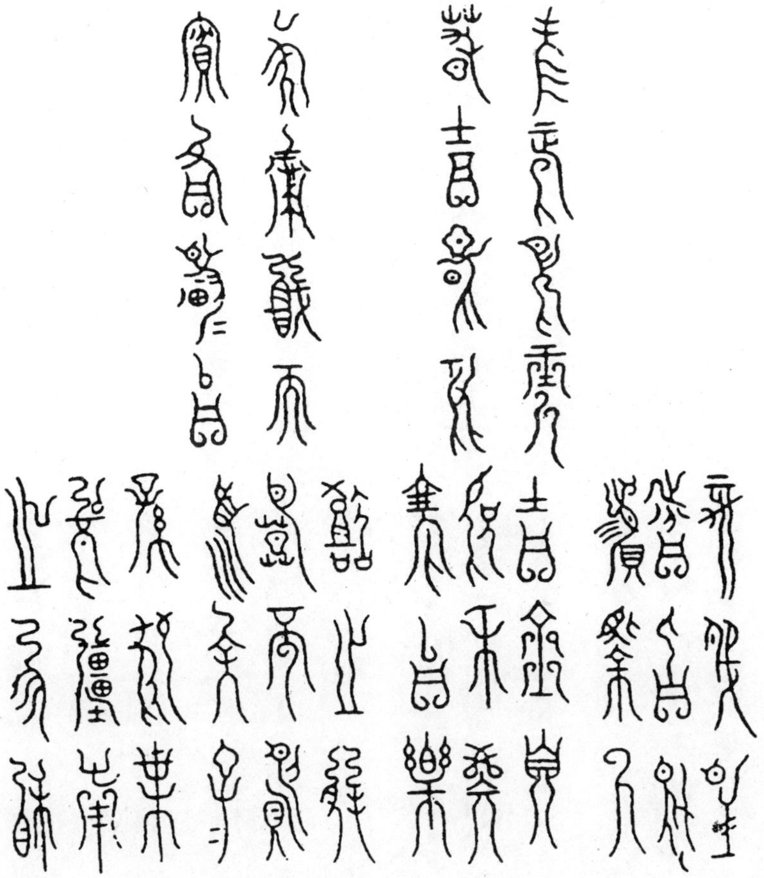

圖一

於越王鐘的銘文，尚有少數字前人沒有識出或誤釋，影響了釋文的完整性和正確性，所以有必要再作補正。本文著重對鐘銘的不識之字加以考釋，並對有關詞句加以討論。

先按通例，根據原鐘行款將銘文隸定，然後再作考釋。

佳（唯）正月季

春吉日丁

亥，戉（越）王

者旨於

賜擇氒（厥）

吉金，自

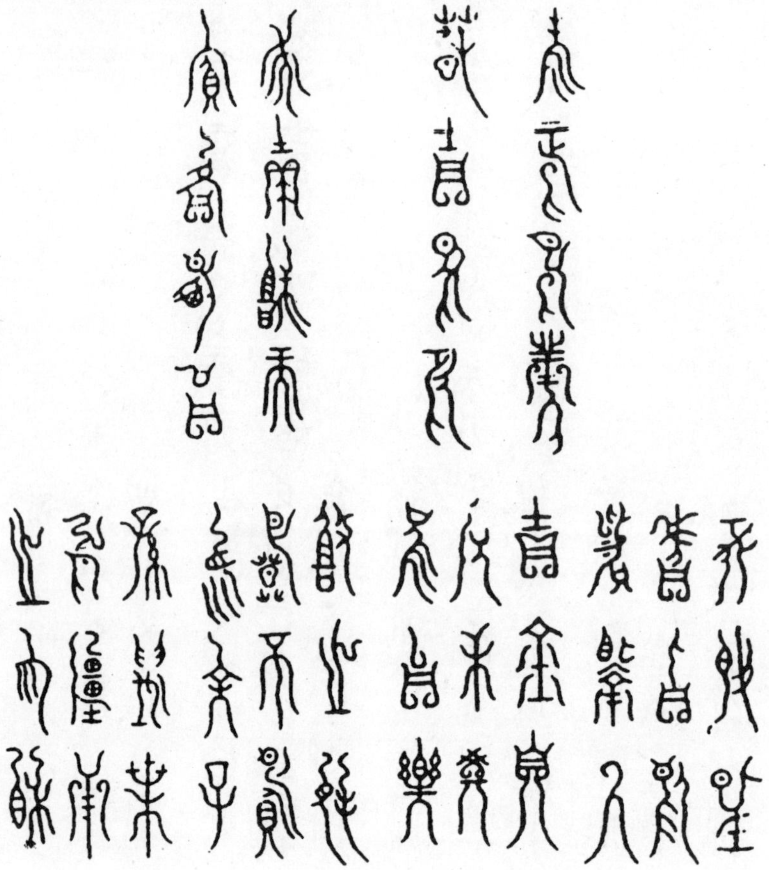

圖二

乍（作）禾（龢）童（鐘）。

我台（以）樂

丂（考）、帝（嫡）祖（祖）、夫、

賓客，日台（以）

鼓之，夙

莫（暮）不貣（忒）。

順余子

孫，萬枼（世）

亡疆，用

之勿相（喪）。

圖三

正月季春

　　季字舊釋爲"王"，乃沿襲宋人之誤。季字下部之"子"略有殘損，但上部之"禾"仍很清楚。《款識》所收維陽石本尤爲明顯。本銘另有"王"字可以對照，況且"王春"尤爲不辭，青銅器銘文無此先例。"正月季春"一詞見於晉國銅器欒書缶銘文。

　　晉用夏正，顧炎武、閻若璩等人均有考證，詳王韜《春秋曆雜考》"晉用夏正考"條，此不贅述。衆所周知，周正建子，夏正建寅。周正春季的第三個月（季春），於夏正則是正月。從欒書缶銘文看，晉國當時雖用夏正，但四季仍從周正，所以銘文才會出現"正月季春"。這一方面反映了晉國用曆的情況，而另一方面也從側面反映了東遷以後王室式微、周天子徒有虛名的事實。我曾經指出過，越國用曆，其月名同於《爾雅·釋天》，見於《國語》①。《越語》記載越王欲伐吳，范蠡勸王"姑待之"，"至于玄月，王召蠡而問焉"云云，韋昭注："《爾雅》曰'九月爲玄'，謂魯哀公十六年九月也"。《爾雅·釋

---

① 曹錦炎《楚帛書（月令）篇考釋》，《江漢考古》1985 年 1 期。

天》所載的十二個月名，正屬夏正，這從長沙出土的楚帛書中也得到了證明①。可見越國也是用夏正。越王鐘銘文稱"正月季春"，其道理和欒書缶如出一轍，而且從出土文物再次證實了越國用夏正的事實②。

越王者旨於睗

"者旨於睗"即"諸稽於睗"，也就是句踐之子鼫與，經各家考證，已成定論③。但考釋諸家大都偏重於從"對音"的角度上來考慮。其實，"諸稽"爲氏，乃是越國古姓氏，"於睗"爲名④。《越絕書》作"與夷"，乃"於睗"的同音通借字；《吳越春秋》作"興夷"，"興"爲"與"的訛字；而《史記》作"鼫與"則是因"諸稽於睗"急讀之故。據《左傳》哀公二十四年，句踐大（太）子名"適郢"，很顯然"適"是"諸稽"急讀音的另一種寫法，而"郢"和"與"、"於"的古音也是很接近的。《竹書紀年》記晉出公十年十一月："句踐卒，子鹿郢立。""鹿"乃"鼫"字之訛，因形近而致誤，"郢"字同於《左傳》。又，句踐時擔任大夫之職的"諸稽郢"（見《國語》），很可能就是"適郢"⑤，因爲"適"正是記"諸稽"的急讀音。總之，鼫與、鹿郢、適郢、諸稽郢、與夷、興夷寫法雖各異，均應指句踐之子諸稽於睗，則可以認定。

自作禾鐘

"鐘"字前人缺釋，容庚先生先據文意疑其爲"鐘"字，後又放棄，其實釋爲"禾鐘"不誤。鐘銘常作"龢鐘"，也有作"禾鐘"，如邾公䤾鐘，可見"禾"字假爲"龢"。《説文》："龢，調也。从龠，禾聲。讀與和同。"所謂"龢鐘"，是指樂音和諧之鐘。

我以樂丂、帝祖、夫、賓客

"我"字《嘯堂》作""、《博古》作""，去掉裝飾筆畫後，尚大體

① 楚帛書四周十二個神名，就是《爾雅》所載的十二個月名。十二神的排列位置，正按夏正的斗柄方向安置。可參看李學勤《東周與秦代文明》第二十七章，文物出版社，1984 年。
② 陳夢家先生的遺稿中，已先我指出越王鐘的"王春"應釋"季春"，並推論越國是用夏曆，與拙見不謀而合。誌此以示不敢掠美之意。詳陳先生《戰國楚帛書考》，《考古學報》1984 年 2 期。
③ 馬承源《越王劍、永康元年群神禽獸鏡》，《文物》1962 年 12 期；陳夢家《蔡器三記》，《考古》1963 年 7 期；林沄《越王者旨於賜考》，《考古》1963 年 8 期；殷滌非《者旨於賜考略》，《古文字研究》第十輯。
④ 曹錦炎《越王姓氏新考》，《中華文史論叢》1983 年 3 期。
⑤ 例如徐王義楚未即位前也任大夫，見《左傳》。

保持原樣，其他各本形訛較甚。越國銅器姑馮句鑃“我”字作“”，構形與之較近，可以參看。

“丂”字由於《款識》本變異較多，再加上本身裝飾筆畫繁多，不太好認。凡是接觸過鳥蟲書的學者都知道，在這類書體銘文中，越是筆畫少的字，往往裝飾筆畫越多，如本銘的“日”、“月”、“丁”、“正”等字，即其例。其作用純粹是爲了追求裝飾效果，而不考慮後人辨識問題。《嘯堂》“丂”字作“”，去掉鳥形（略有殘泐）裝飾，剩下“”形就容易辨識了。《博古》作“”，缺了上畫一横畫。《説文》：“考，老也。从老省，丂聲。”因爲“考”字从“丂”得聲，所以銘文可省作“丂”。金文也有先例，如同簋、司土司簋等。考，指父親。《禮記·曲禮上》：“生曰父……死曰考。”

“帝”字《博古》作“”，《嘯堂》作“”，上部略有飾筆。秦公簋作“”，中山王嚳壺作“”，可以參考。“祖”字《款識》所收古器物銘本作“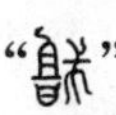”，維揚石本作“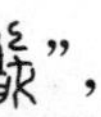”，《嘯堂》作“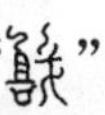”，除古器物銘外，右旁“示”字均有訛變。此字隸定作“祖”（古文字偏旁往往左右無别），是在“且”下贅增了口旁。這種贅增口旁的現象，在戰國文字中常見，如“丙”作“㔷”[①]、“士”作“吉”[②]、“壴”作“喜”[③]等，即如本銘的“鼓”字，左旁“壴”也寫作“喜”。所以，“祖”字寫作“祖”毫不奇怪。古人稱父之父及以上皆謂“祖”，《詩·大雅·生民》序：“《生民》，尊祖也。”疏：“祖之定名，父之父耳。但祖者，始也，己所從始也。自父之父以上皆得稱焉。”西周金文有稱“帝考”（仲師父鼎、𢉅鼎）、“啻考”（買簋），裘錫圭先生正確指出，“帝考”應讀作“嫡考”，“嫡庶的‘嫡’經典多作‘適’，不論是‘嫡’或‘適’，都是从‘啻’聲的，‘啻’又是从‘帝’聲的。”[④] 本銘的“帝祖”，也應該讀爲“嫡祖”。

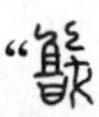

在宗法制度下，統治者可以把全國各宗族的人看做是自己的親屬。《國語·越語》載句踐棲於會稽之上時號令三軍曰：“凡我父兄昆弟及國子姓，有能助寡人謀而退吴者，吾與之共知越國之政。”這裏所説的“我父兄昆弟”，顯然不僅僅是指句踐的直系親屬而已。鐘銘特意指明“嫡祖”，很明白是爲了

① 見長沙出土的楚帛書。

② 羅福頤《古璽彙編》4826，文物出版社，1981年。

③ 曾侯乙編鐘。

④ 裘錫圭《關於商代的宗族組織與貴族和平民兩個階級的初步研究》，《文史》第十七輯。

區別這些泛稱的、非直系的祖先。越王者旨於賜在鐘銘中有意識地强調嫡庶，這是否和當時越國剛從氏族制階段上升到更高級的社會形態有關，是值得回味的。

　　"夫"字從宋人起均誤釋爲"而"，這無論從字形還是從文意上看，都不可信。其實"夫"字並不太難認。參照文意，本銘夫字原應作"𩑔"，下面有合文符號，現在諸本均佚去。"𩑔"實爲"大夫"兩字合文。在青銅器銘文中，"大夫"作合文的例子極多，詳見《金文編》。這類借用形體的合文形式在古文字中較爲常見，如"子孫"作"𤤋"①、"寡人"作"𧜰"②、"婁女"作"𧜰"③，均其例。"大夫"，官名。《周禮》有"鄉大夫"："掌其鄉之政教禁令"，又有"朝大夫"："掌都家之國治。日朝，以聽國事故，以告其君長，國有政令，則令其朝大夫。"據《禮記·王制》，還有"上大夫"、"下大夫"。大夫的職位，在諸侯之下，士之上。越國設有"大夫"一職，如文種、馮同、苦成等均任大夫。

　　作爲禮器的鐘，用奏樂的方式兼具"享"、"宴"兩種功能，前者對先人而言，後者對生人而說。根據銅器銘文，享、宴的對象主要有祖、考（父）、兄、大夫、諸士及賓客和朋友等，例如：

　　　　王孫遺者鐘："用享以孝，于我皇祖、文考。……用匽以喜，用樂嘉賓、父兄及我朋友。"

　　　　邵黛鐘："樂我先祖。"

　　　　邿公孫班鐘："用喜于其皇祖。"

　　　　邿公華鐘："以祚其皇祖皇考，……以樂大夫，以宴士、庶子。"

　　　　許子盟自鐘："用匽以喜，用樂嘉賓、大夫，及我朋友。"

　　　　沇兒鐘："慮以匽以喜，以樂嘉賓，及我父兄、庶士。"

本銘"以樂"的對象是考、嫡祖、大夫、賓客，和上述鐘銘相同。

　　夙暮不貣

　　"夙暮"，早晚、朝夕，典籍或作"夙夜"。《詩·衛風·陟岵》："夙夜無已"，箋："夙，早；夜，莫（暮）也。""貣"，讀爲"忒"。《尚書·洪範》：

---

① 《侯馬盟書》355。
② 中山王䥦壺。
③ 曾侯乙墓出土漆箱廿八宿漆書。

"凡七，卜五，占用二，衍忒"，《史記·宋世家》引作"衍貣"，是其證。蔡侯申鐘："不愿（愆）不貣"，"忒"字也作"貣"。《說文》："忒，更也"；《廣雅·釋詁》："忒，差也"；《詩·瞻卬》："鞫人忮忒"，傳："變也"。

順余子孫

"順"字舊闕釋。1983 年我在彙編吳越青銅器銘文時，曾指出是"順"字①。近讀日本學者白川靜先生的《金文通釋》，他也識出了此字②。順，義同"若"。《爾雅·釋言》："若，順也"，《釋詁》："若，善也"。

用之勿相

相，讀爲"喪"。典籍相、爽二字可以互相通假，如《左傳》定公三年杜注："肅爽，駿馬名"，孔疏："爽或作霜"；《淮南子·原道》："鉤射鷫鷞之爲樂乎"，《說文》引作"鷫鵝"；《老子》："五味令人口爽"，馬王堆出土帛書《老子》甲本作："五味使人之口唧"，是其證。而"爽"字與"喪"字相通，《尚書·胤誥》："用爽厥師"，《墨子·非命》引作"龔喪厥師"，可證。因爲"相"、"爽"、"喪"均爲雙聲疊韻關係，所以可以互相通借。又《說文》訓"霜"爲"喪也"，也可作爲旁證。"用之勿喪"，猶如他器銘云"永保用"。

綜上所論，由於少數不識之字得到了補釋，因此全篇文字可以通讀，使我們對銘文有了更深一步的瞭解。本銘雖然屬於常見的套語，但反映了越國用曆情況及嫡庶宗法觀念等，這無疑會給越史研究帶來一定的幫助。

最後附帶指出，郭沫若先生認爲《博古》著録的越王鐘原器是僞物，他說："越王翳三十六年，當周顯王二十七年，其時不應有甬鐘，而本鐘爲《博古圖》所録者，乃有甬而枚甚長，銘文行款，亦已更易，蓋即《金石録·古鐘銘》所謂，後又得一鐘，銘文正同者，實倣作之贋品也"③。按郭先生所說不確，根據浙江出土文物的情況來看，戰國時期仍有甬鐘的存在。如 1983 年 4 月、1984 年 8 月，先後在海鹽縣長川壩黃家山④ 及餘杭縣崇賢笆斗山⑤ 兩地

---

① 曹錦炎《吳越青銅器銘文述編》，《古文字研究》第十七輯。原文個別釋文有誤，應以本文爲正。
② 白川靜《金文通釋》卷四，者汈鐘。
③ 郭沫若《兩周金文辭大系圖録考釋》補録。
④ 浙江省文物考古研究所、海鹽縣博物館《浙江海鹽出土原始瓷樂器》，《文物》1985 年 8 期。
⑤ 沈德祥《浙江餘杭崇賢戰國墓》，《東南文化》1989 年 6 期。

的戰國墓中，出土了原始瓷甬鐘，鉦部和篆間也以聯珠紋作爲界格。這類專門用作明器的原始瓷甬鐘，正是當時流行式樣的銅甬鐘的倣製品。我們不能簡單地用中原地區青銅器的標準模式來套其他地區。事實上，非中原地區的青銅器無論在形式及種類上，或者在使用和流行的時限上，都有其自身的特點，不能一概與中原地區青銅器相提並論。這一點，已由非中原地區出土的大量青銅器，而得到了證明。這個問題因不屬本文討論範圍，恕不具論。

（原載《國際百越文化研究》，中國社會科學出版社，1994 年）

朱句鐘跋

　　宋薛尚功《歷代鐘鼎彝器款識法帖》卷一著録的"商鐘四"（圖一），宋代出土，曾藏董武子家。容庚先生作《鳥書考》，始指出宋人斷代之誤，認爲與越王鐘"其字體略同而鳥形不顯"①。1983年，曾憲通先生發表《吴王鐘銘考釋——薛氏商鐘四新解》一文②，對鐘銘作出新解，認爲所謂商鐘四，其實是吴王僚擊敗楚及其附庸之役後所作的銘功重器，應稱之爲"吴王鐘"。曾文對鐘銘發明甚多，釋出了不少前人不識之字，讀後獲益匪淺。筆者以爲此鐘乃越王朱句所作，非吴王之鐘，銘文也與雞父之役無涉。今在曾先生釋文的基礎上重作釋文，略加考釋，以求正于曾先生及同好。

　　先將銘文依原行款隸定於次：

　　　　隹（唯）王正月初吉乙子（巳），
　　　　□朱句之孫（？）□亘□
　　　　喪，王欲复（復）師，擇吉金
　　　　自乍（作）禾童（鐘）。台（以）樂賓客，
　　　　志（誌）勞專（賻）者（諸）矦（侯）。生（往）巳！余
　　　　之客，龠=孔協，萬枼（世）之
　　　　後，亡疾自下，允立（位），同
　　　　女（汝）之利。台（嗣）孫皆永寶。

需要説明的是，原銘宋書著録摹本，文字訛誤甚多，再加上鳥蟲書的詭譎難

---

　　①　容庚《鳥書考》，《燕京學報》第十六期，1934年。
　　②　載《古文字學論集·初編》，香港中文大學，1983年。

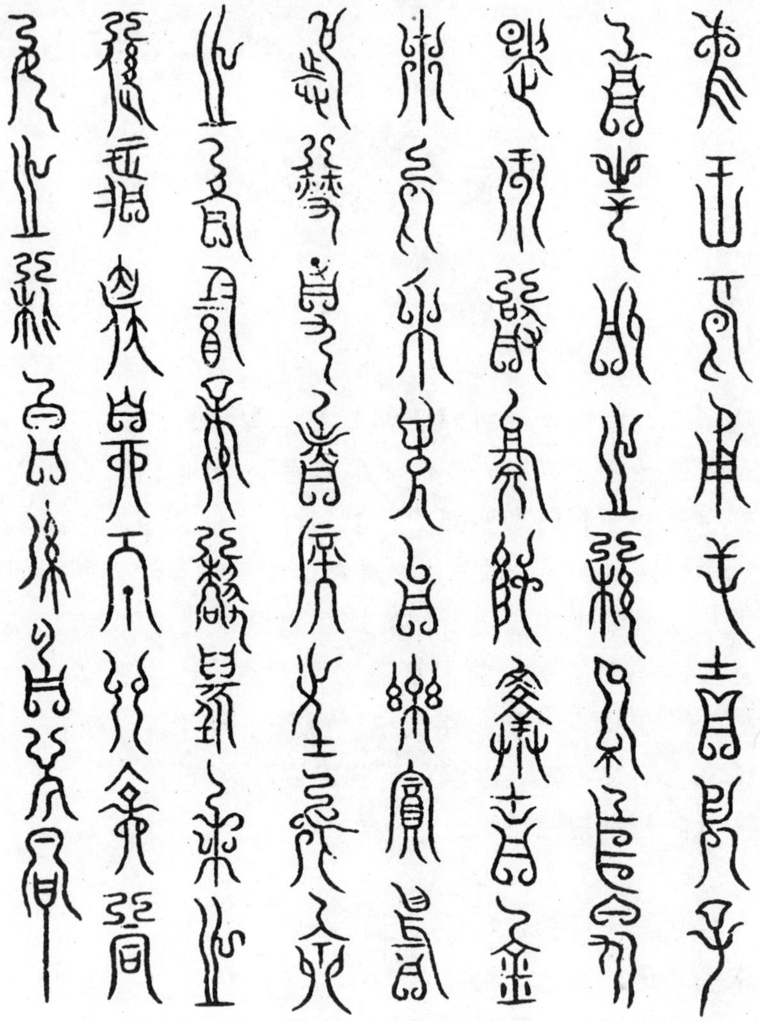

圖一

辨，以上釋文尚有需推敲之處。下面對有關字句略加詮釋。

唯王正月初吉乙巳

"月"字有訛誤，"初"字殘去了"刀"旁，"乙"字去掉鳥形飾後較明顯。"唯王正月干支"這種形式，金文習見。

朱句之孫（?）□亙□喪

"朱句"，即越王翁。《史記·越王句踐世家》："王不壽卒，子王翁立。"《竹書紀年》作"朱句"，與本銘同。出土及傳世兵器作"州句"，乃通假字；

岣嶁碑作“朱凵”①，均同。“孫”字從摹本尚難斷定，若確爲“孫”字無疑，則“□亘□”之身份爲越王孫。退一步講，此字若非孫字，死者爲朱句之親屬也可肯定。喪，哀葬死者之禮儀。《莊子·漁父》：“處喪以哀，無問其禮矣”，即其義。據《竹書紀年》，朱句在位時間長達三十七年，所以他某個孫子死在其在位時，完全有可能。

王欲復師

“复（復）師”二字從摹本看很清楚，可以認定。從上下文看，“□亘□”大概死於某次戰役，所以在喪事結束後越王準備班師返國。這類將親屬遺骸不歸葬故塋的例子，並不罕見。例如 1979 年在河南省固始縣侯古堆發掘的一號墓，據考證可能是春秋吳墓，與夫差伐楚取番戰役有關②。

誌勞賻諸侯

“賻”字原銘作“專”，“賻”从“專”得聲，故可通。古代以財物助喪稱“賻”，《史記·魯仲連鄒陽列傳》：“鄒魯之臣，生則不得事養，死則不得賻襚。”《正義》：“衣服曰襚，貨財曰賻，皆助生送死之禮。”又，《荀子·大略》：“貨財曰賻，輿馬曰賵，……賻賵所以佐生也。”越滅吳後，稱霸東方，“當是時，越兵橫行於江、淮東，諸侯畢賀，號稱霸王。”③ 朱句時仍憑籍先輩餘威，“三十四年滅滕，三十五年滅郯”④，霸風猶存。所以，其孫之喪才會有諸侯賻贈之舉。前文言“喪”，此處言“賻”，正與典籍相合。同時也可反證前文“喪”字不能改釋他字。另外，“喪”字構形與《汗簡》、《古文四聲韻》所收古文“喪”字形體頗近，亦可參看。

往巳

“往巳”，歎詞。“巳”字去掉下面飾筆即可識出。“往巳”一詞也見於壽縣蔡侯墓出土的吳王光鑒及吳王光殘鐘銘，用法相同⑤。

酓=孔協

從文義及字句排列看，“酓”字下原應有重文符號，摹本不存，今擬補。“孔協”二字宋人原釋不誤，不必再改。

① 曹錦炎《岣嶁碑研究》，《文物研究》第五輯，1989 年。
② 固始侯古堆一號墓發掘組《河南固始侯古堆一號墓發掘簡報》，《文物》1981 年 1 期。
③ 《史記·越王句踐世家》。
④ 《史記索隱》引《竹書紀年》。
⑤ 安徽省文物管理委員會、安徽省博物館《壽縣蔡侯墓出土遺物》，科學出版社，1956 年。

允位

"允位"，允在位之意。古文字"位"作"立"習見，不煩贅引。

亡疾自下

"亡疾"，即無疾。此句意謂没有自下面給上面（君王）帶來疾憂。

嗣孫皆永寶

"台"讀爲"嗣"，《書·舜典》："舜讓于德弗嗣"，《後漢書·班固傳》李注引《漢書·王莽傳》"嗣"作"台"，可證。"嗣孫"，後嗣子孫。

通過全銘可以看出，因越國王室之喪，越王朱句爲答謝諸侯之賻而鑄造樂鐘銘誌。而銘文真正的目的，乃是通過"誌勞賻諸侯"來顯耀越國的霸主地位。很有可能，此鐘作於朱句三十四年滅滕或三十五年滅郯之役時。

（原載《于省吾教授百年誕辰紀念文集》，係《鳥蟲書研究（三篇）》之一，吉林大學出版社，1996 年）

越王大子矛考釋

馬承源先生主編的《商周青銅器銘文選》，刊佈了一件未見著録的越國鳥蟲書銅矛，出土地點未詳，原爲孫鼎氏舊藏，現歸上海博物館。銘文雖祇有寥寥16個字，但對越國的國名、王名、世系却有相當重要的研究價值。

全銘分鑄於矛身正、背兩面中脊兩側（圖一），隸定於次：

於戉（越）吕（台）王
旨於之大
子匂（勹）䛃（壽），自
乍（作）元用矛。

先將釋文依據略作説明。越王兵器習慣用鳥蟲書，其中有些鳥形是附飾，有些鳥形則是筆劃，釋讀時需要正確分辨。另外，越國鳥蟲書的構形也與蔡、楚、宋、吳等國的鳥蟲書構形有區別，釋讀時也要注意考慮。銘文首字"於"作"𩿋"，左旁"隹"作鳥形；而第6字"於"則作"𩿑"，左旁"隹"省略鳥首，用彎筆表示，而下部又增添鳥足。"於"字右旁之"人"，前者作"𠃌"，後者作"𠄎"，略加變化，但仔細分析，兩字同爲"於"字無疑。第3字"吕"，上下均有彎曲飾筆，頗不好認。第5字"旨"字構形習見于越國銅器，右旁爲鳥形飾可以參看。第10字"匂"即"勹"，也就是古"伏"字[1]，附有鳥形裝飾，中間三豎劃爲飾筆，這種裝飾筆劃在古文字構形中較爲多見，

---

① 從《商周青銅器銘文選》隸定。匂字也不排除是从川、勹聲之字。

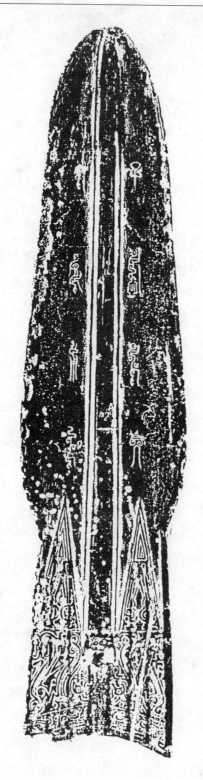

圖一

如：“光”字作“𤇾”①、“安”字作“𡧛”②、“粤”字作“𡴍”③，均其例。

下面對銘文略作考釋並對涉及的有關問題加以討論。

“於戉”，即“於越”，爲越國國名之全稱。在先秦文獻中，越國國名全稱作“於越”，見於《春秋》定公五年：“於越入吳”；定公十四年：“於越敗吳于檇李”；哀公十三年：“於越入吳”。此外，《公羊傳》、《墨子·魯問》、《尸子·勸學》及《逸周書·王會解》均有之。《竹書紀年》則作“於粵”，“粵”爲“越”之通假字。

對於越國名稱“於越”之原因，歷來說解頗多，大體上有兩種看法。一種以何休爲代表，他在給《公羊傳》作注時說：“越人自名於越，君子名之曰越。治國有狀，能與中國通者，以中國之辭言之曰越；治國無狀，不能與中國通者，以其俗辭言之，……謂之於越。”其說本發揮公羊家言，是戴著“夷、夏有別”的有色眼鏡去看問題。另一種則是以杜預爲代表，他在《左傳》定公五年經作注時說：“於，發聲也。”是從語音的角度去考慮的。其實，各家說法均求之過甚，越國國名本作“於越”，“越”則是其省稱而已。這猶如吳國國名本作“工㰁”、“攻敔”、“攻吳”，後省作“吳”，是同樣道理。近年有學者力辨越國國名稱“於越”爲非④，則又走向了另外一個極端。至於賀循《會稽記》謂：“少康封其少子，號曰於越，越國之稱始此。”說越國國名稱於越來自封號，有待證據，但說其早到少康時，則不可信。

由於“於”、“于”古音相同，後人或將典籍中“於越”改爲“于越”。而“于”、“干”形近，又誤將典籍中“干越”寫成“于越”，造成越國國名之紛歧多異，遂致糾纏不清。其實，清代學者王念孫在《讀書雜誌》中早就指出其致誤原因，他說：“於、于古雖通用，而春秋之‘於越’未有作‘于越’者，學者多聞‘於越’寡聞‘干越’，故子、史諸書‘干越’或改爲‘于越’，皆沿師古之誤。”⑤現在，越王大子矛銘文明確作“於戉（越）”，徹底解決了越國的國名問題。

吕，即“台”。“吕”爲古“以”字，“台”爲“吕”之孳乳字，《說文》：

---

① 吳王光鑒，見《商周青銅器銘文選》，文物出版社，1986年。
② 羅福頤《古璽彙編》0012，文物出版社，1981年。
③ 羅福頤《古璽彙編》2949，文物出版社，1981年。
④ 董楚平《吳越文化新探》第一章第一節，浙江人民出版社，1988年。
⑤ 《漢書·貨殖傳》“于越”條。

"台，説也，從口，吕聲。""台"與"嗣"古音相同可通，《書·舜典》："舜讓于德弗嗣"，《後漢書·班固傳》李注引《漢書·王莽傳》"嗣"作"台"（今本《漢書》改作嗣）；《文選·典引》："有于德不台淵穆之讓"，李注："《尚書》曰：'舜讓于德不嗣'。《漢書》《音義》韋昭曰：'古文台爲嗣'。"是其證。所以，銘文中的"台王"當讀爲"嗣王"。嗣王，繼立之王。

"旨於"，越王名，即"者旨於賜"之省作。按"者旨於賜"即"諸稽於賜"，也就是句踐之子"鼫與"，經各家考證已成定論①。但考釋諸家大都偏重於從"對音"的角度上來考慮。實際上，"諸稽"爲氏，乃是越國古姓氏②，"於賜"爲名。《越絕書》作"與夷"，乃"於賜"的同音通假字；《吳越春秋》作"興夷"，"興"爲"與"之訛字；《史記》作"鼫與"，則是以中原音記"諸稽於賜"的急讀音之故；《左傳》哀公二十四年作"適郢"乃是"鼫與"同音字的另一種寫法；《竹書紀年》作"鹿郢"，"鹿"爲"鼫"之訛字。正確寫法應以銅器銘文爲是。

本銘"者旨於賜"省作"旨於"，粗看頗覺突兀。其實在吳越銅器銘文中，人名常有省作之例。如吳王闔廬，銅器銘文或作"光趄"，或作"光韓"，或省作"光"③；越王丌北古劍，王名劍格作"丌北古"，劍首省作"丌北"④；傳世的春秋銅器中，有一件銅盤，器主名"者尚余卑"⑤，而同人所作的編鐘則省作"者賞"⑥，從銘文字體看，應爲吳器。均其例。值得指出的是，近年出土流入香港、現爲中文大學文物館收藏的一件鳥蟲書銅矛，銘文爲"戉王者旨自乍（作）用矛"（圖二），越王"者旨"即"者旨於賜"之省寫⑦，更爲罕見。明白這種省寫情況，本銘將越王名"者旨於賜"省寫成"旨於"，前後各省去一字，雖較特殊，但也就不會感到奇怪了。這種省寫固然有吳越地區銅器銘文的一些習慣問題，但也有兵器銘文字數排列限制方面的原因。同時，應該看到吳、越兵器上的銘文多數是出於裝飾效果的需要，所以將王名省寫

①　馬承源《越王劍、永康元年群神禽獸鏡》，《文物》1962 年 12 期；陳夢家《蔡器三記》，《考古》1963 年 3 期；林沄《越王者旨於賜考》，《考古》1963 年 8 期。
②　曹錦炎《越王姓氏新考》，《中華文史論叢》1983 年 3 期。
③　參見李家浩《攻敔王光劍銘文考釋》，《文物》1990 年 2 期。
④　馬承源《越王劍、永康元年群神禽獸鏡》，《文物》1962 年 12 期。
⑤　《三代吉金文存》17·17·2。
⑥　南京博物院《江蘇六合程橋二號東周墓》，《考古》1974 年 2 期。
⑦　游學華《記中文大學藏越王者旨於賜矛》，香港《大公報》1992 年 6 月 12 日。

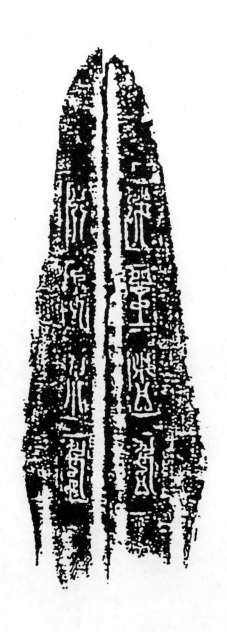

圖二

甚至出現訛誤也就無所謂了。這一點與中原銅器銘文比較注重"禮"的觀念，恐怕是有些差別的。

大子，典籍或作"大子"（如《左傳》），或作"太子"（如《史記》），諸侯之繼位者。

勹，古"伏"字。"伏壽"，大子名，典籍作"不壽"，"伏"、"不"古音相近，例可通假。

《史記·越王勾踐世家》："王鼫與卒，子王不壽立。王不壽卒，子王翁立。"《竹書紀年》："不壽立十年見殺，是爲盲姑，次朱句立。"可知不壽爲鼫與之子，朱句之父。但《越絕書》、《吳越春秋》記越王世系均缺"不壽"一代。我曾經指出，《岣嶁碑》爲越國刻石，作者爲後來繼承王位的朱句，刻于越王不壽二年①。現在，越王大子矛銘文明白無疑地記載不壽爲越王者旨於睗（即鼫與）的"大子"，再次證明了《史記》、《竹書紀年》關於越王世系記載的可靠性。另外，銘文稱"者旨於睗"爲"於戉（越）呂（嗣）王"，可見其剛即位不久②，這對研究越國兵器斷代，很有幫助。

---

① 曹錦炎《岣嶁碑研究》，《文物研究》總五輯，黃山書社，1989年。

② 編按："嗣王"，繼立之王，即法定繼承人，尚未即位。筆者此處的提法有誤，應予改正。

　　總之，越王大子矛對研究越國青銅器，不失爲一件重要的標準器。

　　附記：本文寫作時，承陳佩芬先生提供資料上的方便，張光裕先生協助筆者一起認出了"呂"字，馬承源先生對初稿提出了很好的修改意見，在此一併致謝。

　　　　　　（原載《吳越地區青銅器研究論文集》，兩木出版社，1997 年）

越王嗣旨不光劍銘文考

　　1974 年湖北省江陵城西門外張家山一座小型戰國墓中，出土了一件越王劍，劍格和劍首均爲錯金鳥蟲書銘文①，荆州地區博物館在陳列説明中稱爲"越王盲姑劍"。董楚平《吳越徐舒金文集釋》② 一書，刊佈了此劍銘文摹本，也稱爲"越王盲姑劍"。

　　銘文於劍格正面 4 字（重文 2）、背面 8 字，皆錯金；劍首環列 12 字，隔字錯金（圖一）③。此劍銘文出土至今未能詮釋，且無法確定其爲哪一位越王。荆州博物館將其定爲"越王盲姑劍"，是僅根據其銘文書體和風格與上海博物館所藏的越王丌北古劍接近而作的一種推測。

　　這件越王劍的劍格銘文，其實和傳世的兩件越王劍銘文相同，一件現藏上海博物館（圖二，1），另一件流失海外，爲卡爾貝克氏舊藏（圖二，2），根據這兩件劍銘文的拓本，可以修正前者摹本的訛誤之處。通過進一步研究，更可以發現，1979 年河南省淮陽市平糧臺出土的三件越王劍④，也是同人所作，祇是年代略晚而已。所以，正確釋讀張家山出土越王劍的銘文，對確定這批劍的作者和年代，無疑具有重要的意義。下面先將釋文寫出，然後再作討論。

　　戉（越）王戉（越）王　　　　　　　　　　　　　【劍格】
　　訇（嗣）旨不光，自乍（作）用攻（？）。　　　　　【劍格】
　　台（嗣）戉（越）不光隹（唯）日：可，乍（作）於元用僉（劍）。
　　　　　　　　　　　　　　　　　　　　　　　　　【劍首】

---

① 湖北省博物館《湖北省文物考古工作新收穫》，載《文物考古工作三十年》，文物出版社，1979 年。
② 董楚平《吳越徐舒金文集釋》，浙江古籍出版社，1992 年。
③ 本文摹本參照原劍實物及董書摹本重作。
④ 曹桂岑等《淮陽縣平糧臺四號墓發掘簡報》，《河南文博通訊》1980 年 1 期。

圖一

　　越，銅器銘文大都作"戉"，或贅增邑旁作"鄑"，文獻通作"越"，此指越國。

　　勹，从"台"聲，故劍首銘文可省作"台"。"台"與"嗣"古音相同可通。《尚書·舜典》："舜讓于德弗嗣。"《後漢書·班固傳》李注引《漢書·王莽傳》"嗣"作"台"（今本《漢書》作"嗣"）。《文選·典引》："有于德不台淵穆之讓"，李注："《尚書》曰：'舜讓于德不嗣。'《漢書》《音義》韋昭曰：'古文台爲嗣。'"所以，勹、台皆可讀爲"嗣"。

　　劍首"光"字，頗不好認。"光"字構形，吳王光戈作"𡘜"，吳王光劍作"𡘜"，吳王光鑒作"𡘜"，中山王鼎作"𡘜"①，最後兩例于"儿"旁兩側分別添加"八"和"仌"爲飾筆。本劍銘文"光"字寫法除上部"火"旁兩點作彎曲外，幾乎和中山王鼎銘"光"字構形一致。"不光"二字，卡爾貝克

————————
① 　容庚《金文編》，中華書局，1985 年。

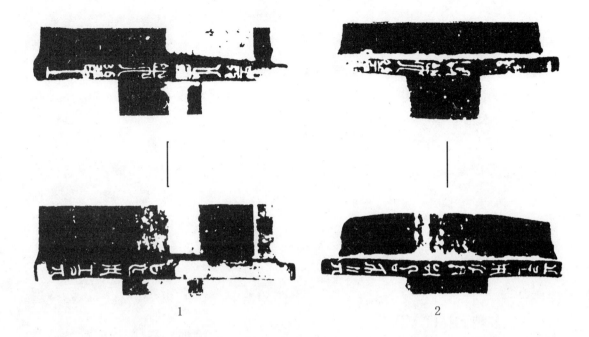

圖二

氏舊藏劍銘沒有作鳥蟲書，"光"字所從之"火"旁已成"皿"形。按望山楚簡"光"字作"𤇆"①，可見火旁的這種構形並非孤例。

作器者劍格銘文作"越王嗣旨不光"，劍首銘文則作"嗣越不光"，可知"越王嗣（嗣越）"是身份，"旨不光（不光）"是人名。所謂"越王嗣"，即越王的法定繼承人，可知其作器時尚未即位。越國有嗣王制度，上海博物館收藏的一件越王大子銅矛②，銘文稱"於戉（越）吕（嗣）王"，可以爲證③。"旨不光"，疑爲"者旨不光"之省。"者旨"讀爲"諸稽"，是越王的氏④，"不光"是名，所以劍首銘文可以省去氏而單稱名。

作器者"不光"，當即越王朱句之子"不揚"。古音"光"隸陽部見母，"揚"隸陽部喻母，兩字係疊韻，聲母屬喉、牙對轉，故"光"、"揚"二字有通假的可能，銘文寫作"不光"，而《越絕書》、《吳越春秋》寫作"不揚"。

① 高明《古文字類編》，中華書局，1980年。

② 上海博物館《商周青銅器銘文選》561號，文物出版社，1986年。

③ 曹錦炎《越王大子矛銘文考釋》，載上海博物館主編《吳越青銅器學術研討會論文集》（待出版）。

④ 曹錦炎《越王姓氏新考》，《中華文史論叢》1983年3期。

另一方面，也有可能是典籍用中原音的"揚"來記吳越方音的"光"。更爲主要的是，朱句之子典籍或作"翳"，《竹書紀年》："於粤（越）子朱句卒，子翳立。"《史記‧越王句踐世家》作："王翁卒，子王翳立。""翁"即"朱句"，前人已經考定。《越絕書》則作"翁子不揚"，《吳越春秋》亦作"翁卒，子不揚"。翳，本指華蓋，《説文》："翳，華蓋也，从羽，殹聲。"引申爲障蔽，《楚辭‧離騷》："百神翳其備降兮，九疑繽其並迎。"《國語‧楚語》："今吾聞夫差好罷民力以成私，好縱過而翳諫。"是其意。故目疾引起的障膜也稱翳，玄應《一切經音義》十八《鞞婆沙阿毗曇論》五引《三蒼》："翳，目病也。"正因爲目有翳，所以不見光明。而劍銘作"不光"，與"翳"乃一字一名，其取名正符合古人名、字相應的原則。另外，翳也可指雲翳，天上有雲翳，自然會遮蔽陽光而不見了。陸賈《新語‧慎微》："罷雲霽翳，令歸山海，然後乃得覩其光明。"正可解"翳"與"光明"之間的關係。由此也可以看出，此時越國王室貴族取名，已有華夏化的傾向。

越王翳在位時間甚長，《史記‧越王句踐世家》索隱引《竹書紀年》："（翳）三十六年七月太子諸咎弑其君翳，十月粤（越）殺諸咎粤滑，吳人立子錯枝爲君。"在位共 36 年（公元前 411～前 376 年）。劍銘稱"越王嗣"，可知這幾件劍的製作時間應在越王翳尚未即位前。

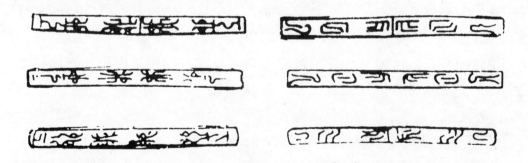

圖三

需要指出的是，平糧臺出土的三件越王劍，雖然目前對劍首銘文尚不能全部識讀，但劍格銘文均爲"戉（越）王戉（越）王不光不光"，則是可以認定的（圖三）。"越王"二字容易認；"不"字由上述卡爾貝克氏藏劍的"不"字變來；"光"字變形雖甚，但仍可根據上劍辨識。倘若沒有上述三件越王嗣旨不光劍的銘文作對照，平糧臺出土越王劍銘的"不光"二字，是很難釋讀的。這三件越王劍的銘文均稱"越王不光"，已刪去了"嗣"字，可見這批劍的製作年代當在越王翳即位以後。史籍載越王翳在位長達 36 年，相信將來還會有不光劍的發現。

總之，張家山出土越王嗣旨不光劍銘文的釋出，解決了一批傳世和出土的越王劍的作者及其年代問題，越王不光即文獻記載的越王翳。這爲越國文物的斷代，增添了可信的證據。同時，也爲楚墓的分期斷代，提供了重要的旁證。

附記：本文所引材料，均已收入張光裕、曹錦炎《東周鳥篆文字編》（香港翰墨軒 1994 年 9 月出版）一書。

（原載《文物》1995 年 8 期）

越王不光矛跋

　　1997 年春，浙江省紹興縣文物部門於上蔣鳳凰山清理了一座戰國墓，墓中隨葬不少兵器，出土文物除了青銅兵器外，還有一件石矛①。矛身刻有鳥蟲書越王名字，彌足珍貴。

　　石矛作寬體狹刃式，矛身中脊起線，骹口呈凹弧形，正面有鼻紐，通長 23 釐米。形制同於以往發現的越王石矛，亦與現藏倫敦大英博物館的越王州句銅矛、上海博物館所藏的越王者旨於賜銅矛相同，具有典型的越國兵器特點。石矛質地細膩，再加上通體磨光，頗具玉質感。

　　石矛兩面通體淺刻勾連雲紋，正面中脊兩側於雲紋中刻有鳥蟲書銘文 6 字（均倒刻，圖一）：

　　　　戉（越）王不
　　　　戉（越）王光。

當讀爲"越王越王不光"。

　　"越王"二字對照越王不光劍② 及越王鈹（圖二）③ 銘文鳥蟲書構形，是不難認識的。"不光"二字去掉繁複的裝飾筆畫實作：

"不"字構形容易識出；"光"字構形因省略較甚，且上部筆畫又不出頭，故

---

①　紹興縣文物管理所發掘資料。承梁志明所長提供，特此致謝。
②　曹錦炎《越王嗣旨不光劍銘文考》，《文物》1995 年 8 期。
③　浙江省博物館藏品，70 年代於杭州徵集，出土地點不詳。

圖一　　　　　　　　　　　　　　　　圖二

較難辨識，可以參看下列吳越文字的"光"字構形：

第一例見者沪鐘，第二例見攻敔王光戈，第三例見吳王光鑒，第四例見安徽南陵出土的攻敔王光劍，第五例見荷蘭波斯敦博物館藏攻五王光韓劍①。最後兩例"光"字構形上部筆畫也不出頭，特別是最後一例去掉下面四個裝飾小點，其所剩筆畫與石矛的"光"字完全相同，祇是將中間的"儿"旁筆畫作了扭曲交叉而已。所以，"不光"二字還是可以認出的。

此外，這件石矛銘文的鳥蟲書構形繁縟，線條柔弱，一改早期鳥蟲書銘文的秀麗端正之姿，與晚期越王不光劍及所謂"奇字劍"的鳥蟲書風格相近。從鳥蟲書構形的特點上也可以看出其時代較晚，正與越王不光的年代相合。

越王不光之名，青銅兵器銘文全稱作"者旨不光"。"者旨"讀爲"諸稽"，是越王的氏，"不光"則爲名。越王不光，即越王翳，"翳"與"不光"的關係乃一名一字。這個問題我已作過詳細考證②，此不贅述。《史記·越王句踐世家》："王翁卒，子王翳立。"《竹書紀年》則作："於粵（越）子朱句卒，子翁立。"越王翳爲州（朱）句之子，在位 36 年。

附帶指出，越王石矛目前總共發現已有 4 件，形制相同，銘文均爲 6 字，鳥蟲書。除越王不光石矛外，另外三件分別是：

紹興市灘渚義橋出土的一件（圖三）③，銘文爲：

戉（越）戉（越）戉（越）
戉（越）王王。

1972 年於紹興市上竈出土的一件（圖四）④，銘文爲：

---

① 前三例見《金文編》，後兩例分別見《文物》1982 年 5 期及《古文字研究》第十七輯李家浩文。
② 詳拙文《越王嗣旨不光劍銘文考》，《文物》1995 年 8 期。
③ 王士倫《記浙江發現的銅鐃、釉陶編鐘和越王石矛》，《考古》1965 年 5 期。現藏浙江省博物館。
④ 浙江省紹興市文物管理處藏品資料。

圖三

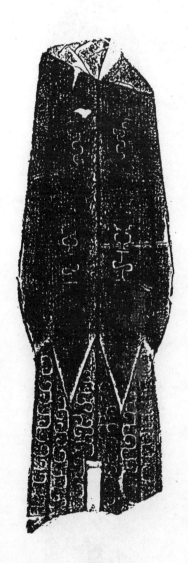

圖四

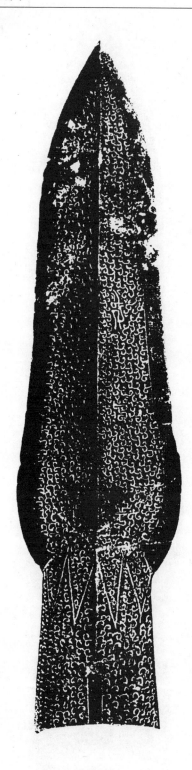

圖五　　　　　　　　　　　　　　　圖六

　　［戉］吕（嗣）王。
　　［戉］吕（嗣）王。

近年出土、臺北古越閣收藏的一件（圖五）[①]，銘文爲：

　　戉（越）吕（嗣）王。
　　戉（越）吕（嗣）王。

　　由於後三件均非發掘品，故以前對其性質和用途看法不一，或以爲是儀仗用器，或以爲是明器，也有學者認爲是製作銅兵器範時使用的内模。現在，越王不光石矛是經科學發掘所獲得，與其他銅兵器作爲隨葬品而放入墓中。這樣看來，此類越王石矛，原是作爲儀仗用器，後來由於某種原因而用作隨葬品。

　　（原載《古文字研究》第二十四輯，係《新出鳥蟲書越王兵器考》之一）

　　補記：越王石矛最近又發現一件，2002 年出土於紹興縣富盛鎮下旺村（圖六）[②]，銘文也爲：

　　戉（越）吕（嗣）王。
　　戉（越）吕（嗣）王。

同於臺北古越閣收藏的一件。這樣，出土的越王石矛已經多達五件。特別是後述三件，對研究越國的嗣王制度，提供了很好的實物資料。

---

① 《商周青銅兵器》41 號，臺北古越閣，1993 年。
② 紹興縣文物保護管理所藏品資料，承該所惠贈照片，特此致謝。

跋古越閣新藏之州句劍銘文

古越閣庋藏的古代青銅兵器，不僅以數量著稱，而且以衆多精品爲研究者矚目。最近，古越閣主人又新得一柄越王州句複合銅劍，堪稱州句劍之最，尤以其銘文值得重視。

傳世和出土的州句劍，據我們統計，截止 1994 年 5 月，已達 16 柄之多，詳見《東周鳥篆文字編》所附圖版 251 頁至 266 頁（編號 80；86~100）[①]。銘文均爲鳥蟲書，大都爲 14 字，一般作：

戊（越）王州句州句　　　　　　　　　　　　【正面】
自乍（作）用僉（劍）。自乍（作）用僉（劍）。　　【反面】

古越閣新得之越王州句劍，銘文也在劍格，鳥蟲書（圖一），正面銘文與以往同，反面銘文却有顯著的不同。全文如下：

圖一

---

①　張光裕、曹錦炎主編，香港翰墨軒出版有限公司，1994 年。

戉（越）王州句州句　　　　　　　　　　　　　　【正面】

之用僉（劍）。唯余土利邡。　　　　　　　　　　【反面】

　　應該指出，越王州句劍劍格上的銘文，是作環繞排列的，而且自有其一定的規律。無論劍格之正面還是反面，右側總是按順時針方向環列，左側總是按逆時針方向環列①。釋讀銘文時必須按照這個規律，依先右後左的順序。這個規律是筆者根據十多柄州句劍銘文的排列順序總結出來的。唯一的例外是湖南省益陽市出土的越王州句劍，其銘文正面也是 8 字，排列的順序與上述恰好相反，即劍格右側按逆時針方向排列，左側按順時針方向排列②。推究其原因是，若按常規排列，舉劍時“戉”字（國名）則被壓在“王”字下面，似有不敬之嫌，故將其左右之排列順序互換。觀其反面劍格銘文之排列順序，仍按常規，或可解釋這一點。

　　明確了越王州句劍銘文的排列順序，就可以準確地釋讀和理解銘文所示的意義了。

　　首句“州句”二字係重文，“戉（越）王州句之用劍”，表明器主，意思是越王州句所用之劍，開門見山。越王州句，越王句踐之曾孫，越王不壽之子，《史記·越王句踐世家》作“翁”，《竹書紀年》作“朱句”。“州句”即“朱句”，陳夢家先生早就考證③，已成定論，此不贅言。越王州句在位三十七年（公元前 448～前 412 年），時間甚長，先後滅滕、滅郯，功績赫赫。

　　次句“唯余土利邡”。由於鳥蟲書構形詭譎，再加上劍格銘文簡疏，需要多說幾句。

　　先說字形。“唯”字從“口”從“隹”，“隹”字甲骨文、金文本依鳥形，所以劍銘即以鳥形代之。“余”字去掉頂上裝飾筆畫，容易認出。“土”字上部裝飾了鳥形，鳥足又與下面豎筆相連，幾度彎曲，容易給人造成錯覺，誤以爲也是字的筆畫。其實看同劍的“王”字，中間的豎筆也作相同的盤繞，就可以理解這是裝飾的。“利”字的“刀”旁有省筆，相同的劍銘有不省的構形（詳下述），可以參看。“邡”字所從的“邑”旁從拓本看似有省筆，但仔細觀察原器仍可隱約看出。

―――――――――

①　以劍鋒向上來區分左右側。

②　《東周鳥篆文字編》，編號 97。

③　陳夢家《六國紀年》，上海人民出版社，1955 年。

再説字義。"唯"，句首語氣詞。"余"爲第一人稱。"余土"，我的土地，從州句來説，即"我的國土"，也就是指越地。"利"，順利、吉利。《易·謙》："無不利，撝謙"，是其義。"邗"，國名，《説文》："邗，國也，今屬臨淮，從邑，干聲。一曰邗本屬吴。"邗本古國，傳世銅器有"邗王是埜"戈可證。邗國被吴國所滅，故中原國家或稱吴國爲"邗"。如河南省輝縣出土過兩件趙孟介壺，銘文云："禺（遇）邗王于黄池，爲趙孟疥（介），邗王之惕（錫）金。台（以）爲祠器。"銘文所記，即吴王夫差黄池之會之故事，見《左傳》哀公十三年："夏，公會單平公、晋定公、吴夫差於黄池。"可見，"邗"也可以是吴國（吴地）的代名詞。楊樹達先生曾指出："經傳多稱吴爲干，《莊子·刻意篇》云：'夫有干越之劍者'；《荀子·勸學篇》云：'干越夷貉之子，生而同聲'，干越皆即吴越也。邗爲國邑之名，字從邑，爲本字，經傳假干爲邗，省形存聲耳。"[1] 所論甚是。公元前 473 年，越王句踐率軍攻破吴都，迫使吴王夫差自殺，吴國也就滅亡，吴地遂爲越所有。"唯余土利邗"，即"唯余土邗利"，語法位置變更而已。正因爲吴被越滅，所以越王州句才會把邗地（即吴地）作爲"余土"而爲之稱頌吉利。

史籍記載，越滅吴後，句踐引兵北上，大會諸侯於徐州，號稱霸主，一度把國都也遷到瑯瑘，到戰國初期，州句之子越王翳才遷都於吴。州句時，越國的國力達到鼎盛。州句爲自用之劍鑄銘而稱頌吴地吉利，是否已有遷都吴地之議，也不是沒有可能。甚或越王翳遷都吴，正是秉承其父遺願。否則偌大一個越國，越王州句祇爲吴地一處頌吉，似乎顯得太突兀。祇是史缺有間，唯有推測而已。

圖二

① 楊樹達《積微居金文説·趙孟疥壺跋》，中國科學院出版，1953 年。

　　需要指出的是，相同銘文的越王州句劍，過去曾有發現，出土地點不詳，現藏中國歷史博物館，劍格銘文祇殘存二分之一强。筆者曾根據其模糊的拓本認定其爲州句劍[①]，《殷周金文集成》著錄時稱"余王劍"，編號是 11579 (圖二)。現在古越閣新獲之越王州句劍，不僅完整，而且銘文清晰，證實了我的判斷，深感欣慰。同時，歷博藏劍的銘文鳥蟲書構形略有變化，如"利"、"邗"等字，而所缺也可由古越閣藏新劍銘文補足，兩劍正可謂相得益彰。

　　（原載《第三屆國際中國古文字學研討會論文集》，香港中文大學，1997年）

---

① 《東周鳥篆文字編》，編號 98。釋文應以新劍更正。

記新發現的越王不壽劍

近年來，越王兵器在海外時有發現，我曾在一篇小文中予以介紹[1]。去年底，臺北收藏家陳氏新獲一件越王劍，劍格上鑄有鳥蟲書銘文12字，越王名作"不壽"。越王不壽劍係首次發現，對研究越國歷史意義重大。

越王不壽劍爲銅質，形制類同於以往出土的越王劍。作斜寬從厚格式，中起脊，兩從斜弧，雙刃呈弧形於近鋒處收狹，喇叭形素面劍首，劍莖爲柱形雙凸箍。通長69釐米（圖一）。外有漆劍鞘，木胎，外表髹黑漆。整劍連鞘長70釐米。

此劍有幾個特點頗值得注意：

第一，劍身偏長，超過已見著錄的所有越王劍的長度。

第二，漆質劍鞘外包纏絲織物，除劍鞘口沿露出一段空白外，整件劍鞘均用絲織物作狹條狀斜行疊纏（圖二）。絲織物保存極好，據初步觀察，可能是錦帶。這種以絲織物纏鞘的做法，也曾見於江陵望山1號楚墓出土的青銅劍（標本號 WM1：T109），其在漆劍鞘外也包纏錦帶[2]。

第三，在漆劍鞘的前段中間用一紐形長方形物片（外包絲織物）嵌入兩端絲織帶中，外加絲繩纏繞，形成橋形紐孔（圖三）。顯然這是用於佩劍時的勾繫。從筆者掌握的出土資料來看，這種形制似乎尚屬首見。

第四，絲織纏緱保存完整，其纏繞方式除近首部作平纏外，其餘均作菱形交叉纏縛（圖四）。纏緱所用的絲繩用人字紋編結。這些特點對我們全面、完整地瞭解越國劍的形制很有幫助。

銘文凸鑄在劍格兩面，正、背面各6字，鳥蟲書（圖五～八）：

---

① 曹錦炎《新見越王兵器及其相關問題》，《文物》2000年1期。

② 湖北省文物考古研究所《江陵望山沙塚楚墓》，文物出版社，1996年。

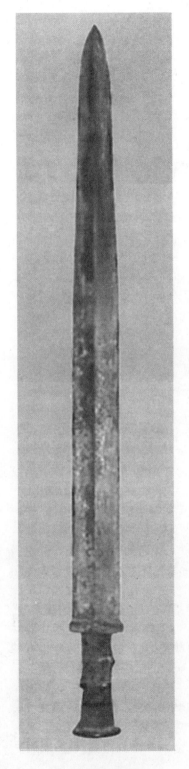

圖一　越王不壽劍

圖二　越王不壽劍鞘（局部）

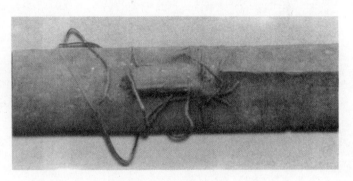

圖三　越王不壽劍鞘上的鈕

圖四　越王不壽劍莖纏緱

圖五　越王不壽劍格部銘文之一　　　　　　　圖六　越王不壽劍格部銘文之二

圖七　越王不壽劍格部銘文之三　　　　　　　圖八　越王不壽劍格部銘文之四

　　戉（越）王不壽不壽

　　自乍（作）用僉（劍）用僉（劍）。

　　銘文或正書或反書，鳥蟲書構形有簡有繁。其中"越"、"王"、"自"、"作"、"用"、"劍"等字，與以往所見越王劍相同，構形尤接近於者旨於賜劍和州句劍銘文。"不壽"二字的釋讀，需要略加説明。

　　不，金文作"𣎴"，小篆作"𣎴"，此劍作"𣎴"，上部增飾鳥首，又將"不"字上部之"廿"與鳥身合二爲一，鳥尾則是借用"不"字竪筆。去除飾筆，實作"𣎴"，與古文字及小篆構形同。越王嗣旨不光劍劍首銘文"不"字作"𣎴"，去除飾筆（簡化的鳥形）後作"𣎴"[1]，與此可以對照。至於後者上部橫畫上增加一小短橫，這是古文字構形中常見的一種羨畫。

_____

① 　中國社會科學院考古研究所《殷周金文集成》第十八冊，編號11704，中華書局，1994年。

壽，此處銘文用簡體，隸定可作"畧"，劍銘構形作"🐦"，是將上部左、右兩"口"旁與鳥形裝飾合爲一體，用爲鳥首和鳥身。中間借"己"之筆畫聯結鳥首又兼作鳥尾。其構思十分巧妙。戰國文字"壽"字或作：

均見包山楚簡①，後者簡體即本銘構形所本。

越王不壽爲句踐之孫，鼫與之子，朱句之父，見《史記·越王句踐世家》："句踐卒，子王鼫與立。王鼫與卒，子王不壽立。王不壽卒，子王翁立。"《竹書紀年》謂："不壽立十年見殺，是爲盲姑。次朱句立。"翁即朱句，前人已有考證。但《越絕書》、《吳越春秋》記越王世系均缺"不壽"一代。越王不壽劍的問世，證明了司馬遷的記載以及《竹書紀年》説法正確可信。《越絕書》和《吳越春秋》是流傳於吳越地區的方志性史籍，按理應該比官方的《史記》更加詳細，爲何記越王世系反而有缺，頗不好理解。

事實上，不壽的兵器早有出土。上海博物館的藏品中有一件越王大子銅矛，爲孫鼎氏舊藏，銘文明確記載："於戉（越）吕（嗣）王旨於之大子不壽"。我在考釋該矛銘時已經指出，"旨於"即"者旨於賜"之省寫，亦即"鼫與"，銘文證明了不壽爲鼫與之子的説法②。附帶指出，越王大子矛銘文中，"不壽"二字作：

第一字去掉鳥形裝飾實作"🐦"，《商周青銅器銘文選》隸作"勹"，釋爲"𥦬"字③。我在提交一次會議的論文稿中曾懷疑是"不"字，但也不排除是"勹"，即"伏"字的可能性，正式發表時則刪去了"不"字可能性一説。現在回過頭來再看此字，還應以釋"不"字爲是。其實去掉中筆間豎筆兩旁的美畫豎筆，即成"🐦"，與其他古文字的"不"字構形差別甚小。至於"壽"字，去掉鳥形飾筆，作"🐦"，簡化更甚。

① 可參看滕壬生《楚系簡帛文字編》第689頁，湖北教育出版社，1995年。
② 曹錦炎《越王大子矛考釋》，載《吳越地區青銅器研究論文集》，兩木出版社，1997年。
③ 馬承源主編《商周青銅器銘文選》第四册，文物出版社，1990年。

《史記正義》引《輿地志》云：“越侯傳國三十餘葉，歷殷至周敬王時，有越侯夫譚，子曰允常，拓土始大，稱王。”自允常稱王始，至無彊時楚威王敗越，先後約 200 年。歷年來出土的越王兵器，數量已不在少數。陳夢家先生的《六國紀年》曾作過研究，我們也曾先後予以彙錄、考釋①。可喜的是，經過多年的探索，越王允常之後至越王翳的王名，在越國兵器銘文中基本上已清楚。允常的兵器，近年也有發現。前幾年浙江曾出土二件越王銅戈，越王名作“得居”。銘文記載了越國先稱王、佐徐國稱王的史實，爲史書所失載。兩件戈的銘文可以互證。字數少的一件戈已流入浙江民間，字數多的一件戈先出現在香港市肆，後爲澳門某氏所得。越王得居即越王允常，“得居”與“允常”乃一名一字②。由於藏家尚未公佈戈銘，目前我們還無法進一步展開討論。茲將史籍與越王兵器所見的越王名作一排列（括弧內爲兵器銘文中的名字）：

允常（得居）
　　公元前？～前 497 年在位
句踐（欯淺、欯戔）
　　公元前 496～前 465 年在位
鼫與（者旨於賜、旨於）
　　公元前 464～前 459 年在位
不壽（不罡）
　　公元前 458～前 449 年在位
朱句、翁（州句、州丩）
　　公元前 448～前 412 年在位
翳、不揚（者旨不光、旨不光、不光、者殹、殹）
　　公元前 411～前 376 年在位

按《越世家》句踐以下均稱王，父子相傳，無年數。上表各王在位年數

---

① 曹錦炎《吳越青銅器銘文述編》，《古文字研究》第十七輯，中華書局，1989 年；曹錦炎《鳥蟲書通考》，上海書畫出版社，1999 年；張光裕、曹錦炎《東周鳥篆文字編》，香港翰墨軒，1994 年。
② 曹錦炎《越王得居戈考釋》（待刊）。

及公元紀年參考了陳夢家先生的研究成果①。越王翳之後，至楚威王敗越、殺越王無彊，這段史實典籍記載較亂，王世及在位年數説法不一。按照《史記》的記載，尚有之侯、無彊兩代兩王，《越絶書》則説之侯爲無彊之子，祇有一代，並云："無彊以上，霸，稱王。之侯以下微弱，稱君長。"也就是説祇有無彊一人稱王，而以下越國君主不再稱王。如依《竹書紀年》，無彊之前還有無餘之、無顓兩王。越王翳的卒年在公元前376年，楚威王敗越在公元前333年，其間約40餘年，如果祇有無彊一王，可能性較小，至少應有兩王。但目前所見的越王兵器銘文中，祇剩下"丌北古"（或作"丌北"）一名還没有落實。我曾指出越王丌北古絶不是不壽，由越王不壽劍的發現已經得到了證明，丌北古有可能即越王無彊②。我們期望將來有更多的新材料出土，來彌補這一段空白。

　　附記：本文所用照片承臺灣陳氏提供，特此致謝。

（原載《文物》2002年2期）

---

①　陳夢家《六國紀年》，上海人民出版社，1955年。
②　曹錦炎《新見越王兵器及其相關問題》，《文物》2000年1期。

越王得居戈考釋

　　20 世紀 90 年代中葉，浙江紹興曾出土兩件越王青銅戈，銘文有多有少。可惜出土後不久即流入民間。1997 年余客居香港期間，於市肆某處獲見其中一戈的粗拓本，銘文約三十餘字，戈之具體形制和尺寸不詳。據瞭解，戈出浙江，爲同出兩戈之一。此戈已爲澳門收藏家某氏所得，雖爲之多方努力，想爭取爲浙江省博物館所有，然而未果。前些年又在杭州獲見同出另一戈的不完整摹本，字數雖少，却可與前戈銘文互證。經過多年苦苦追索，最近終於見到後者原器，此戈現藏紹興越文化博物館。從銘文内容看，兩件越王戈應爲同時同事所鑄，其中一件戈的越王名作"得居"，是新出現的越王名。尤爲重要的是，銘文記載了越國稱王後輔佐徐國稱王的内容，爲先秦史籍所失載，彌足珍貴。其發現是越國史研究方面的重大突破。

一

　　紹興越文化博物館收藏的越王銅戈，作寬援寬胡式。援部中脊凸起，兩側有凹槽，中胡二穿，上援末有一小穿，戈援上邊連接内處有一翼形小塊凸起（這種形制的銅戈也見於安徽淮南蔡家崗趙家孤堆戰國墓出土的越王者旨於賜戈及湖北隨縣擂鼓墩曾侯乙墓出土的曾侯乙戟）①。内飾透雕勾連紋，四周環以"S"紋。通長 22.8 釐米，欄寬 7.6 釐米。銘文在胡部，兩行 12 字，反書（圖一、二）：

---

① 安徽省文化局文物工作隊《安徽淮南市蔡家崗趙家孤堆戰國墓》，《考古》1963 年 4 期；湖北省博物館《曾侯乙墓》，文物出版社，1989 年。

圖一

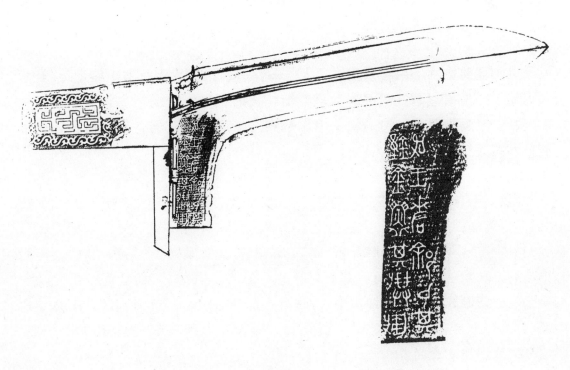

圖二

戉（越）王差（佐）郐（徐），呂（以）其
鐘金，鑄其戕（拱）戲（戟）。

越王

戉王，即越王。越國國名青銅器銘文一般寫作"戉"，或贅增邑旁作"郍"，典籍均作"越"。此戈雖未注明是哪位越王，從同出的另一件與之相關的戈銘，可以肯定是越王得居，即越王句踐的父親允常。

佐徐

差，讀爲"佐"，佐助、輔助之意。差、佐均從"左"得聲，故可相通。傳世青銅器有國差鱚，器主"國差"即《春秋》經、傳所載的齊國上卿"國佐"；《殷周金文集成》著錄的三件宋公差戈①，器主"宋公差"也即見於《春秋》經、傳的宋元公"佐"。又，《左傳》昭公十六年："子蟜賦《野有蔓草》"，《說文》引"子蟜"作"子篍"；《易·萃·六三》："萃如嗟如"，馬王堆帛書本"嗟"作"呰"，是其證。郍，指徐國，青銅器銘文徐國國名除個別外均寫作"郍"，從"余"從"邑"。"佐徐"，即佐助徐國，從另一件越王戈銘文看，此指越國支持徐國稱王這件大事。

鐘金

青銅器銘文中，用作名詞的"金"一般指銅料。本銘所謂"鐘金"，有兩種可能，一是指把原有的樂器青銅鐘熔化後的銅料；一是指本來打算鑄鐘用的銅料。無論指哪種，均是說不用作禮樂之器而改鑄兵器，表明越王佐徐之誠信和務實精神。

拱戟

"拱"字原篆從"共"從"戈"，《殷周金文集成》11162 號王子□戈的"拱"字寫法，同於本銘。戈的自名，青銅器銘文除作"戈"外，或稱"戟"。戟的異體字，有戠、戡、戩、戵、銤、鈇等多種構形②，本銘作"戵"，是新出現的一種寫法。《說文》："拱，斂手也。從手，共聲。"訓爲執持，《國語·吳語》："行頭皆官帥，擁鐸拱稽"，韋昭注："拱，執也"，"拱戟"，猶言"執戟"。戈的專名還有"行戈"、"寢戈"、"萃戈"等稱呼③，與"拱戟"一樣，均是根據用途來命名。

---

① 中國社會科學院考古研究所《殷周金文集成》第 17 冊，編號 11204、11281、11289，中華書局，1994 年。

② 容庚《金文編》第 824 頁，中華書局，1985 年；張亞初《殷周金文集成引得》第 864、865 頁，中華書局，2001 年。

③ 可參看張亞初《殷周金文集成引得》"戈"字條，中華書局，2001 年。

銘文大意是説，越王佐助徐國（稱王），爲了紀念這件大事，特意用銅鐘原料鑄造了執侍用的戟。

二

收藏在澳門的一件越王銅戈，因藏家尚未公佈資料，我們祇能就銘文的有關内容展開討論。

銘文開首云："邙（越）邦先王"，然後説："得居乍（作）鑄金臺（就），差（佐）郐（徐）之爲王后"，最後謂：得居"以乍（作）其元用戈，以守（?）其鄢（邊）土"，云云。

得居，作器者名。從銘文看，即越王得居。

臺，即"就"字初文，前人早已釋出，朱德熙先生曾撰文加以申論①。1980年陝西出土的史更鼎，銘文引《詩·周頌·敬之》"日就月將"，"就"字寫作"遼"，可以證明②。近年郭店楚簡出土後，學者們始認出楚文字"臺"字的構形，得居戈的"臺"字構形，正同於楚文字。戈銘的"就"字當讀爲"戚"，"就"、"戚"二字古音相近，可以通假。例如，《墨子·非儒下》："夫舜見瞽叟就然"；《孟子·萬章》引"就"作"蹙"；《禮記·曲禮上》："以足蹙路馬芻"，《釋文》："蹙本又作蹴"；《文選·長楊賦》李善注引"蹙"作"蹴"，是其證。又，郭店楚簡《五行》"不悦不臺（就）"（簡21），即讀爲"不悦不戚"③，也是假"就"爲"戚"。此外，郭店楚簡《六德》"新遼遠近"（簡48），讀爲"親戚遠近"，"遼"即"遼"字變體，也即"就"字的繁構。正始三體石經《春秋》文公元年"公孫敖會晉侯於戚"，"戚"字作"遼"，與"遼"乃一字異構。《汗簡》辵部也有遼字，注："戚古文"。此均"臺（就）"讀爲"戚"之明證。

上已指出，"就"讀爲"戚"。古稱銅爲"金"，"金就"即"金戚"，也就是銅斧鉞。《詩·大雅·公劉》："弓矢斯張，干戈戚揚"，《毛傳》："戚，斧也"。又《禮記·明堂位》："朱干玉戚，冕而舞大武。"古之斧鉞，爲軍權即王權之象徵，《説文》："戉，大斧也。……《司馬法》：夏執玄戉，殷執白戚，周左

---

① 《釋臺》，收入《朱德熙古文字論集》，中華書局，1995年。

② 王人聰《西周金文"亂臺"一詞補釋》，《考古與文物》1987年2期。

③ 荊門市博物館《郭店楚墓竹簡》，文物出版社，1998年。

杖黃戉，右把白髦。"1978 年於河北靈壽出土的戰國中山王銅鈇，銘文云：
"天子建邦，中山侯𨈬乍（作）茲軍鈲，以敬（儆）厥衆"①，正是用斧鈇來作
爲建邦封侯（王）時權力的象徵物。

"差"，讀爲"佐"。后，"君后"之后。"王后"即"后王"之意，同義並
列。"佐徐之爲王后"，即佐助徐國稱王之意。越王鑄造銅戚送給徐國，一方
面是確認徐國稱王的地位，另一方面也是越國作爲徐國强大後盾的一種表態。

作器者越王得居，從銘文結合典籍來分析，當即越王句踐之父允常無疑。

首先，從名字上分析。句踐之父名，史籍作"允常"。《史記·越王句踐世
家》："越王句踐，其先禹之苗裔，而夏后帝少康之庶子也。……後二十餘世，
至於允常。……允常卒，子句踐立，是爲越王。"允常之名，《越絕書》同，
《吳越春秋》作"元常"，前人已經指出，"元"乃"允"字之誤。從訓詁上
講，"得居"與"允常"正好是同義相訓。居，有止息、停留之義，如《易·
繫辭下》："變動不居，周流六虛"；《左傳》僖公二十八年："不有居者，誰守
社稷？"常，有恒久、經常之義，如《易·繫辭上》："動静有常，剛柔斷矣。"
引申爲不動、不變之義，與"居"之義相近。所以，典籍或"居常"連言，
如《左傳》昭公十三年叔向答韓宣子謂："獲神，一也；有民，二也；令德，
三也；寵貴，四也；居常，五也。有五利以去五難，誰能害之？"又《晉書·
陸機傳》引《豪士賦序》："心玩居常之安，耳飽從諛之説，豈識乎功在身外，
任出才表者哉。"指循舊守常、不變之義，又引申爲日常之意，如《史記·淮
陰侯傳》："（韓）信由此日怨望，居常鞅鞅，羞與絳、灌等列"，《後漢書·崔
瑗傳》："不問餘産。居常蔬食菜羹而已"，是其例。因此，句踐之父名史籍作
"允常"，銅戈銘文作"得居"，並不矛盾。"得居"與"允常"一名一字，義
相呼應，正符合古人取名之原則。

其次，從徐國的歷史觀察。銘文謂越王得居作鑄金戚佐徐國稱王，雖然
徐國稱王史籍未載始於何時，但徐國的滅國年代見於記載。公元前 512 年吳
王闔閭滅徐，徐國最末一代徐君章禹逃奔楚國，此時允常仍然在位。所以，
能和徐國並列同時稱王者，必須早於越王句踐之前，允常正好符合這個條件。

再者，《史記·越王句踐世家》張守節《正義》引《輿地志》謂："越侯傳
國三十餘葉，歷殷至周敬王時，有越侯夫譚，子曰允常，拓土始大，稱王。

---

① 張守中《中山王𧊒器文字編》第 99 頁，中華書局，1981 年。

《春秋》貶爲子，號爲於越。"據此，越國稱王應始於允常時。傳世有兩件越王之子句踐劍，前些年銘文才得到正確釋讀，明確其作於允常時[1]，也證明了允常稱王的事實。銅戈銘文稱得居時越國始稱王，與典籍記載允常時始稱王正相一致。

　　根據上述理由，可見銅戈的作器者"得居"祇能卡在"允常"一人身上，而別無其他選擇的可能。由於此戈與上戈同出，銘文可以互證，同記"佐徐爲王"之大事，可證上戈中的"越王"也必然是"得居"，即越王允常。

三

　　兩件越王得居銅戈的銘文字數不多，却告訴我們不少有關越國的史實：其一，句踐之父允常字（或名）"得居"；其二，越國先於徐國稱王；其三，越王得居特意鑄作銅戚佐徐稱王，反映越、徐兩國關係非同一般。1982 年於浙江紹興坡塘 306 號墓出土的銅器中，有二件銅器銘文標明屬徐[2]。2003 年春季，紹興市區塔山旁某基建工地又出土一件徐王後裔所作的鳥蟲書甬鐘[3]。浙江地方志上也有不少記載反映徐偃王與浙江的關係，而且越王的姓氏爲"諸稽"，徐國上層貴族也有此姓氏。爲此，我曾指出越國之建立恐和徐國有關[4]。越王得居戈的銘文，爲徐、越關係又增添了極其重要的新證據。

　　允常的在位時間，據《吳越春秋》記載，"〔允〕常立，當吳王壽夢、諸樊、闔閭之時"。按照《史記·吳太伯世家》計算，自壽夢卒至闔閭末年（允常早闔閭一年卒）共計六十五年。允常即使長壽，也不大可能立於壽夢時，所以其立約在諸樊時期，稱王最早也不過是在諸樊時。徐國之稱王據戈銘更在其稍後。諸樊元年爲公元前 560 年，由此我們大致上可以確定，越、徐相繼稱王的時間應在公元前 560 年之後。據《史記》張守節《正義》，吳自壽夢始稱王，這樣看來，越、徐之稱王均是受到吳稱王的影響，或許這正是一代風氣之使然。

　　附帶指出，據《韓非子·五蠹》及《後漢書·東夷傳》，徐國之稱王始於西

---

[1]　張振林《關於兩件吳越寶劍銘文的釋讀問題》，《中國語文研究》第七期，1984 年。
[2]　浙江省文物管理委員會等《紹興 306 號墓發掘簡報》，《文物》1984 年 1 期。
[3]　曹錦炎《自鐸銘文考釋》，《文物》2004 年 2 期。
[4]　詳拙文《紹興坡塘出土徐器銘文及相關問題》，《文物》1984 年 1 期。

周穆王時期的徐君誕。而據戈銘，徐國稱王在越王允常稱王稍後。兩者似乎有些矛盾。這裏推測有兩種可能，一是西周時徐國並没有稱王，後來的文獻爲了演義徐偃王仁義喪國的故事而添加的；二是西周時期徐國確已稱王，但後來被周王朝剿滅，直到春秋後期國力恢復，才在越國的佐助下重新稱王。

越王得居戈的銘文，關乎越、徐兩國的史實，意義重大，我們亟盼藏家將之早日公佈，嘉惠學林。

附記：本文所用越王銅戈資料承紹興越文化博物館提供，特此誌謝。

（原載《古文字研究》第二十五輯）

新見越王兵器及其相關問題

自 60 年代以來，帶有越王銘文的青銅兵器時有出土，引起學術界的關注。1993 年、1994 年，《殷周金文集成》第 17、18 冊相繼出版，又披露了不少散見於各地文博單位及流到海外的越王兵器，給研究者們提供了豐富的資料。對越王兵器，我們曾先後予以彙集介紹①。1997 和 1998 年，筆者有幸在香港和臺北兩地獲見數件越王兵器的拓本、摹本和實物資料，均係近年出土。這些器物中，有的製作工藝精良，有的銘文內容罕見，對越國的歷史等至關重要。今擇其要者進行討論。

一 越王者旨於睗劍

此劍現藏臺北古越閣②，1997 年 4 月於臺北獲見原物。銅質，通長 53.8 釐米。劍作斜寬從厚格式，中脊起線，兩從斜弧，雙刃呈弧形於近鋒處收狹。圓莖上有兩凸箍，飾雲雷紋。圓盤形劍首上飾有兩組七道同心圓，中心飾有七條燕尾狀放射紋。劍格兩面鑄雙鈎鳥蟲書銘文（圖一，1），共 8 字：

　　　戉（越）王戉（越）王
　　　者旨於睗

字口間鑲嵌綠松石。

---

① 曹錦炎《吳越青銅器銘文述編》，《古文字研究》第十七輯，中華書局，1989 年；張光裕、曹錦炎《東周鳥篆文字編》，香港翰墨軒，1994 年。
② 王振華《古越閣藏銅兵萃珍——銅劍篇》26 號，臺北古越閣，1998 年。

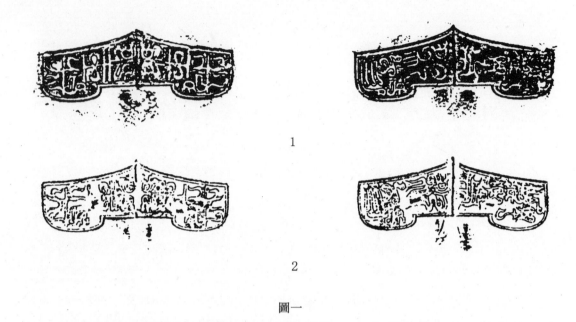

1

2

圖一

　　這是目前已知的第 9 件越王者旨於賜劍，從鑄造工藝上講，其精致程度可與浙江省博物館從香港搶救購回的越王者旨於賜劍相媲美[1]，但其光潔度則不如後者。此劍劍格字口間所鑲綠松石基本完整，十分難得。

　　用古越閣藏越王者旨於賜劍的拓本對照浙江省博物館藏劍的拓本（圖一，2）觀察，兩者所鑄的鳥蟲書銘文構形極其相似，連某些局部的細小變化也相合，但是兩者的劍格寬度略有出入，顯然又不是同範所鑄。再參看著錄的其他幾件越王者旨於賜劍拓本，可以發現銘文構形也幾乎一致。然而一劍一範要做到如此的合一性，儘管不排除為同一工匠所造的可能，應還與越國鑄劍匠師高超的技術，以及當時越國的鑄造工藝水平有較大的關係。

　　出土的越王者旨於賜兵器，除劍外尚有戈和矛，均鑄造精緻，是春秋戰國時期吳越地區冶鑄技術水平的具體表現。

二　越王州句複合劍

　　此劍傳浙江出土，臺北古越閣藏[2]，1997 年 4 月於臺北獲見原物。銅質，

① 曹錦炎等《浙江省博物館新入藏越王者旨於賜劍筆談》，《文物》1986 年第 4 期。
② 王振華《古越閣藏銅兵萃珍——銅劍篇》28 號，臺北古越閣，1998 年。

通長 53.5 釐米。劍作斜寬從厚格式，中脊起線，兩從斜弧，雙刃呈弧形於近鋒處收狹。圓莖上有兩凸箍，飾勾連雲雷紋，上面殘存鑲嵌的綠松石。圓形劍首。劍格作細密編織紋底，凸鑄鳥蟲書銘文 14 字。

　　這件越王州句劍從劍體上觀察，中脊和從部色差明顯，應是採用兩種不同配比的銅錫合金分次鑄造而成的複合劍。浙江省博物館收藏有這類複合劍的殘段，從斷面上可觀察複合劍的鑄造情況。此劍銘文在劍格正、反面（圖二）：

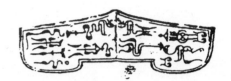

圖二

　　　　戈（越）王州句州句

　　　　之用僉（劍）。唯余土匼邘。

銘文排列順序，劍格右側按順時針方向環列，左側按逆時針方向環列，先右後左通讀。

　　此劍正面銘文同於以往著錄的越王州句劍，背面銘文却有顯著不同，祇與中國歷史博物館收藏的一件殘劍格相同。銘文內容，我已在一篇小文中加以討論①，需要補充的是，銘文中的“匼”字，我曾據中國歷史博物館藏殘劍格銘文釋爲“利”，承李家浩先生函告，當釋“匼”，即“匜”之異體，並指出中山王鼎銘的“匜賃”當讀爲“委任”，甚是。李先生還認爲“匼”即《說文》解爲“廩爲圜者”之“囷”字，在劍銘中假爲“卷”，銘文“唯余土卷邘”的意思是祇有我的疆土擴張到邘②。但拙見以爲“匼”讀爲“委”即可，

───────────────

①　曹錦炎《跋古越閣新藏之州句劍銘文》，《第三屆國際中國古文字學研討會論文集》，香港中文大學，1997 年。

②　李家浩《越王州句複合劍銘文及其所反映的歷史》，《北京大學學報》1998 年 2 期。

不必再假爲"卷"。"委"有累積之意，如《公羊傳》桓公十四年："御廩者何？粢盛委之所藏也。"《文選》漢揚雄《甘泉賦》："瑞穰穰兮委如山。"劍銘州句自云"唯余土委邘"，意思是說我的疆土與邘（故吳地）相重疊，也就是說吳國之疆土已盡入我越國版圖。

三　越王者旨不光劍

1998 年 6 月，於香港中文大學張光裕教授處獲見此劍銘文摹本。劍爲薄格，圓首式。

銘文在劍格正、反兩面和圓形劍首上（圖三）：

戈（越）王戈（越）王　　　　　　　　　　　　　　【劍格】

者旨不光，自乍（作）用僉（劍）。　　　　　　　　【劍格】

戈（越）王旨殹自乍（作）用僉（劍）。唯尸邦旨（稽）大。

　　　　　　　　　　　　　　　　　　　　　　　　【劍首】

劍格正面及劍首銘文作鳥蟲書，同於已往著錄之越王嗣旨不光劍和越王不光劍。

越王者旨不光，"者旨"讀爲"諸稽"，是越王的氏，"不光"爲名。筆者曾據湖北江陵張家山戰國墓出土的越王嗣旨不光劍，結合傳世品作過討論，認爲越王不光即越王翳，"翳"與"不光"乃一名一字，"旨不光"當爲"者旨不光"之省寫①。香港新出現的這件越王劍，其王名劍格作"者旨不光"，劍首作"旨殹"，證實了這一觀點。越王不光即越王翳由此可成定論。至於名與字同見一器的例子其他兵器也有，如吳王光趠戈、攻敔王光韓劍，"光"與"趠（韓）"即一名一字。1974 年於安徽廬江湯池出土的攻敔王光劍，銘文爲"攻敔王光自乍（作）用鐱（劍）。趠余允至，克戕多攻。"名與字也是分列兩處②，正與此劍相似。此外，劍首銘"旨殹"即"者旨殹"的省寫，應該是沒有什麼問題的。

---

① 曹錦炎《越王嗣旨不光劍銘文考》，《文物》1995 年 8 期。
② 參看李家浩《攻敔王光劍銘文考釋》，《文物》1990 年第 2 期。

圖三

　　事實上，越王翳的兵器前幾年已有發現。1994 年春，張光裕先生於香港市肆見到一件越王劍，劍作厚格式，銘文在劍格兩面，鳥蟲書（圖四）：

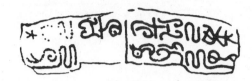

圖四

戉（越）王戉（越）王

旨医旨医。

《東周鳥篆文字編》在付梓時曾予補入（編號148）。此劍現爲臺灣高雄某氏收藏。"旨医"即"者旨医"之省寫。"医"、"殹"與"翳"字，均从"医"聲，故可異寫。

銘文中"唯尸邦旨（稽）大"，"尸邦"讀爲"夷邦"，指蠻夷之邦。越國一直被視爲蠻夷，如《左傳》哀公二十六年，文子問越臣皋如："君以蠻夷伐

國。"《荀子·儒效篇》説："居楚而楚,居越而越,居夏而夏。"越國大夫范蠡
自己也説:"昔吾先君固周室之不成子也,故濱於東海之陂,黿鼉魚鱉之與
處,而蛙黽之與同渚。"① 所以,越王自稱屬於"夷邦"。"旨"讀爲"稽",考
核之意,如《易·繫辭下》:"於稽其類,其衰世之意邪?"王注:"稽,猶考
也。"《周禮·夏官·大司馬》:"簡稽鄉民,以用邦國。"是其例。銘文意思是説
夷邦之中數我爲大。文句格式同於前述越王州句劍銘。

四　餘論

已見越王兵器中,其王名迄未確定者還有傳世的越王丌北古劍,現藏上
海博物館。王名劍格作"丌北古",劍首作"丌北"。有學者指出,越王丌北
古就是越王盲姑,即越王句踐之孫,鼫與之子不壽②。

丌北古劍近年又有發現。1987 年 6 月,安徽安慶市王家山戰國墓出土一
件越王丌北古劍,通長 64 釐米。銘文在劍格兩面及圓形劍首上,鳥蟲書(圖
五),隔字錯金,共 32 字③:

　　戉(越)王丌北古戉(越)王丌北古　　　　　　　　　　　【劍格】
　　自乍(作)用僉(劍)自。自乍(作)用僉(劍)自。　　　　【劍格】
　　隹(唯)戉(越)王丌北自乍(作)元之用之僉(劍)。　　　【劍首】

劍格銘文作竪向横列。其銘文及排列方式均同於傳世品。個別文字可以糾正
上海博物館藏劍銘之誤,如劍格之"劍"字,上博藏劍誤作"旨"。

應該講,從聲訓的角度上説"丌北古"即"盲姑",是没有多大的問題
的。但是,從銘文字體風格來看,越王丌北古劍非常接近越王不光劍,而且
圓形劍首上鑄有銘文也始於不光劍。因此,要將丌北古劍提早到州句劍之前
是有困難的。然而丌北古的劍作厚格式,與常見不光劍作薄格式又有矛盾。
1994 年於香港新出現的越王者旨劍,劍格亦爲厚格式,説明不光時仍有厚格
式劍的孑遺。那麼,丌北古劍作厚格式就没有什麼問題了。前面已經指出,

---

① 《國語·越語下》。
② 馬承源《越王劍、永康元年群神禽獸鏡》,《文物》1962 年第 12 期。
③ 朱世力《安慶出土之越王丌北古劍》,《故宮文物月刊》十卷十一期,1992 年。

圖五

越王不光即越王翳，其爲州句之子，見於史籍。所以，在州句與不光之間就不可能再插入一位越王，丌北古衹能是越王翳（不光）之後的某一位越王。

　　越王丌北古之名，劍首作"丌北"，頗疑越王丌北即越王亡彊。"丌"通"其"。"北"，敗也。《荀子・議兵》："遇敵處戰則必北。"楊倞注："北，敗走也。北者，乖背之名，故以敗走爲北也。"《左傳》桓公九年："以戰而北。"今人仍稱不敵敗走爲"敗北"。"彊"，即古"强"字，剛强之義。"亡彊"即"不强"，戰而不强則其必敗，與"其北"之義似可相合。"丌北"與"亡彊"乃一名一字。古人取名字時不一定用吉語，提出這種設想供各位參考。

　　　　　　　　　　　　　　　　　　　　（原載《文物》2000 年 1 期）

再論 "能原" 鎛

　　《殷周金文集成》[①] 著録的兩件所謂 "能原" 鎛，現分別收藏於海峽兩岸的故宮博物院。由於其銘文十分詭異，一直未能得到正確釋讀。舊稱爲 "陸氏鐘" 或 "利徙鐘"，容庚先生稱之爲 "奇字鐘"，甚至認爲 "原文無法認識"[②]。前些年，我曾撰《"能原" 鎛銘文初探》一文，提交在太倉召開的中國古文字學術討論會，對鎛銘作了初步的釋讀，指出其爲越國器，銘文記録的是有關越、邾兩國結盟之辭，作於句踐滅吳稍後[③]。今北京故宮博物院闢專欄討論院藏重器，特據新資料對這兩件鎛再作進一步討論，並對原文加以修正。

一

　　《集成》編號爲 155 的鎛，出土於江西省臨江縣，見《金文分域編》4.3 引丁丙題拓本詩注，出土時間不詳，原爲劉心源、劉體智舊藏，後歸中央博物院，現藏臺北故宮博物院。此鎛的鉦部殘泐較甚，《集成》所用的是舊拓，所以其中一面幾乎看不清楚。臺北故宮博物院器物部曾對其作過 X 光透視，後來發表了經過去鏽的拓本，能够看清楚若干字，《金文總集》[④] 就選用了新的拓本，編號爲 9.7023。其鉦部和左、右鼓部各 10 字，兩面計 60 字（圖一、二），以下簡稱甲鎛。

　　《集成》編號爲 156 的鎛，光緒庚寅年（1890 年）爲漁人得之於江西瑞州（今高安縣）東廓外錦江中，後歸熊方燧，現藏北京故宮博物院，出土時間和

　　① 中國社會科學院考古研究所編（以下簡稱《集成》），中華書局，1984 年。
　　② 容庚、張維持《殷周青銅器通論》，科學出版社，1958 年。
　　③ 刊載於《東方博物》創刊號，杭州大學出版社，1997 年。
　　④ 嚴一萍主編，臺灣藝文印書館，1983 年。

圖一

地點較明確。銘文相對比較清晰，鉦部和左、右鼓部各 8 字，兩面計 48 字
（圖三、四），以下簡稱乙鎛。

　　另外還有一件鐘，與上述兩鎛可能屬於一套，但非同組，見《綴遺齋彝
器款識考釋》2.32，容庚先生《鳥書考補正》引及，舊稱"鳳鳴鐘"、"鳥篆
鐘"，1964 年容庚先生重作《鳥書考》時未收入。近年臺灣新文豐出版的《石
刻史料新編》第三輯第一冊收錄有清莫繩孫的《金石文字集拓》，内中也收其

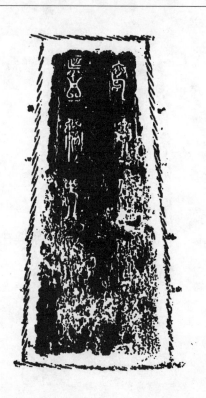

圖二

拓本[1]。《集成》則失收。從拓本看，該鐘無枚，通體飾蟠螭紋，相當於鉦的部位有銘文 2 字，左、右鼓部各 3 字，兩面計 16 字（圖五、六），以下簡稱丙鐘。

---

[1] 此承施謝捷兄函告，特誌謝忱。

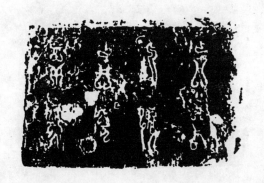 

圖三

　　上述三件"能原"鎛（鐘），其銘並非全銘，參考越器者沪鐘① 銘文，這套（鎛）鐘似應不少於 8 件，甲鎛（60 字）與另外一件 60 字者合全銘；乙鎛（48 字）與另外三件合全銘；丙鐘可能與另外幾件鐘成組。這是根據甲、乙、丙三器銘文不相銜接而作的推論，儘管判斷可能存在失誤，但三件鎛（鐘）

① 《集成》1·120～1·131。

圖四

之銘同屬一篇銘文則可斷定。假如推測符合實際的話，則全銘應爲 120 字，
鎛（鐘）銘的組合方式屬於王世民先生所指出的"二、二、四合"組合形
式①。從三件鎛（鐘）的拓本所揭示的情況來看，其銘文均爲模印，拓本上每
個字的四周邊框痕隱約可辨。採用這種以單字模印範的方式來鑄器，件數顯

---

① 王世民《西周暨春秋戰國時代編鐘銘文的排列形式》，載《中國考古學研究》第二集，科學
　　出版社，1986 年。

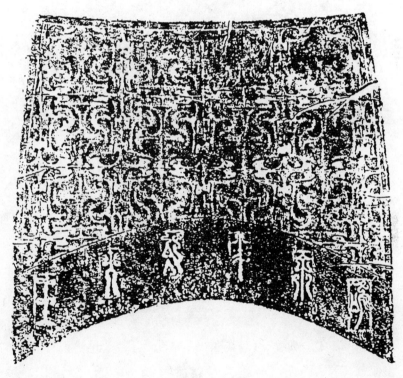

圖五

然不會少的。

　　從《善齋彝器圖録》所附圖形及《故宮銅器圖録》刊佈的照片看，甲乙兩鎛是較典型的春秋晚期鎛鐘，紋飾具有南方地區的特點。《集成》將其定在春秋時期是可取的。從鎛銘的排列形式看，是從鉦間起環讀一周，也是春秋中晚期新出現的形式。從現有資料看，這種鐘（鎛）涉及齊、徐、楚、越等

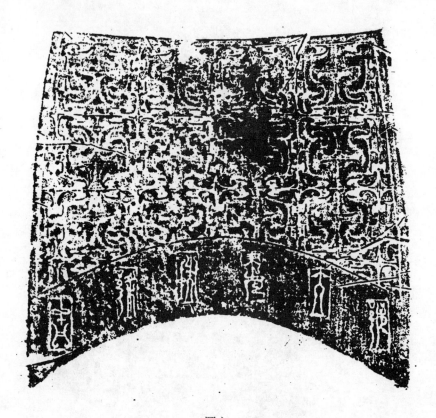

圖六

國，有的自爲全銘，有的兩件或四件合成全銘①。至於丙鐘，從紋飾、銘文排列的角度看，將其定在春秋晚期也是比較合理的。

二

"能原"鎛的銘文是典型的越國鳥蟲書體，最接近於越王丌北古劍②、越王嗣旨不光劍③、"奇字"劍④、越王者旨於賜鐘⑤ 以及 "之利" 殘片等銘文⑥，

---

① 王世民《西周暨春秋戰國時代編鐘銘文的排列形式》，載《中國考古學研究》第二集，科學出版社，1986年。

② 上海博物館藏，《文物》1962年12期。

③ 荊州博物館藏，《文物》1995年8期。

④ 劉體智舊藏，《善齋吉金錄》11·9、11·10。

⑤ 《歷代鐘鼎彝器款識法帖》商鐘1～3，宋代出土。

⑥ 故宮博物院藏，《文物》1961年10期。

岣嶁碑的銘文也與之接近①。容庚先生在跋劉體智所藏甲鎛時曾指出："此鐘銘六十字，雖略識數字，然不能知其意，故不釋。……以越王鐘、越王矛證之，字體相似，乃越國物也。"② 誠爲卓識。

所謂鳥蟲書，實際上是美術字，主要流行於南方越、楚、蔡、吳等國，徐、宋等國偶亦有之。春秋晚期到戰國時期是其盛行的階段。這類文字有一個特點，即裝飾性很強，不僅有裝飾筆畫，而且還有贅增的裝飾偏旁。所以，在釋讀時必須加以注意和區別。去除了文字中那些附加的裝飾成分才能復原其本來面目。例如，鎛銘的"主"作"𩇨"，上面之"𠀉"爲飾筆。"元"作"𠕀"，下面的"𠄌"爲飾筆。"小"作"𣲼"，下面左右兩筆也是飾筆，當然若看成是"少"字也無妨，古文字少、小可通；但乙鎛作"𢍘"，故應是"小"字。"乍"作"𧈈"，去掉下面裝飾的鳥形（鳥首已省略），"乍"字就不難辨認了。

需要指出的是，從春秋晚期始出現在原字上贅增"口"旁的現象，戰國時尤盛。鳥蟲書中的口旁往往作"𠙶"或"𡆥"，如"淺"作"𤃇"、"僉"作"𩰠"等，即其例。鎛銘的口旁，均作"𠙶"，如"者"、"入"等字。另有作"𡆥"者，可看作是繁化的口旁。單獨的即"曰"字，用其作偏旁者，祇是用來作爲裝飾之用，如鎛銘的"尸"、"子"等字，均是其例。

甲、乙、丙三件鎛（鐘）的前、後面，目前很難確定，下面按我的理解將釋文寫出，限於篇幅和印刷的原因，具體每個字的分析從略。

甲鎛

□連小□□□□□□   【鉦間】

□利之於大□者，連□小。   【左鼓】

□於□曰："利小者乍（作）心□，   【後右鼓】

衣（依）余□郕（越）□者，利大□□   【後鉦間】

連者（諸）尸（夷）。"郕（越）禜曰："隹（唯）余□𡰪（夷）

                                                【後左鼓】

□□邘曰之，□□乍（作）尸（夷）□   【右鼓】

_____

① 曹錦炎《岣嶁碑研究》，《文物研究》第五輯。
② 《善齋彝器圖録》。

乙鎛：

尸（夷）膚（莒）甚□者元乍（作）□　　　　　　　　【鉦間】

曰："自祈□曰：□再（稱）労　　　　　　　　　　　【左鼓】

曰利，連余大邾，大□　　　　　　　　　　　　　　【後右鼓】

之宝（主）戉（越）。曰：余入邦，乍（作）　　　　　【後鉦間】

利□小，丌（其）者□□□　　　　　　　　　　　　【後左鼓】

於子子。"行則曰："自余　　　　　　　　　　　　　【右鼓】

丙鐘：

尸（夷）□　　　　　　　　　　　　　　　　　　　【鉦間】

吕（莒）大土，　　　　　　　　　　　　　　　　　【左鼓】

郂（越）立建　　　　　　　　　　　　　　　　　　【後右鼓】

□□　　　　　　　　　　　　　　　　　　　　　　【後鉦間】

城邾（?），曰：　　　　　　　　　　　　　　　　【後左鼓】

唯余聿　　　　　　　　　　　　　　　　　　　　　【右鼓】

　　三件"能原"鎛（鐘）的銘文並非全銘，再加上拓本的許多字無法辨清，鎛的前後面也難以論定，所以很難對銘文作通盤考釋。但是，根據上面的釋文仍可以看出，由於莒國擴張疆土侵及了邾國，越國爲之調停，主持了這次疆土劃分，並趁機擴土築城，將邾、莒兩國連在自己脚下。銘文記録的就是越、邾、莒三方的盟辭内容。從銘文字體及内容來考察，將這三件鎛（鐘）定爲越國銅器應該是没有問題的。至於作器者究竟是越王句踐本人或其重臣，目前尚不能進一步確定。

三

　　邾國是介於魯、滕之間的小國，爲魯之附庸。邾爲曹姓，《史記·楚世家》："吴回生陸終。陸終生子六人，……五曰曹姓。"《集解》引《世本》："曹姓者，邾是也。"邾公鈗鐘記邾公鈗自云："陸融之孫"[1]，可證典籍記載不

---

① 《三代吉金文存》1·19·2。

誤。"曹"字金文或作"獎",孫詒讓首先指出,獎、曹相通①。邾之先,自邾子俠受封,五世至夷父顏。顏子夏父立,居邾,先後傳 29 世,戰國末葉爲楚所滅②。

邾國之國名,青銅器銘文作"鼄"或"邾"。近年有學者提出,從"黽"之"鼄"與從"邑"之"邾"有別,前者指邾國,後者指小邾③。筆者以爲不然。首先,邾國國名在銅器銘文中寫作"鼄"或"邾"是由於作器時代所致。在西周晚期及春秋前期作"鼄",春秋後期作"邾"。當然,在鼄、邾交替時期,不排除兩者有並行的例子。這和吳國的國名演變情況相類似,是由"工𤉲"到"攻敔"再到"吳",而吳王光時,後兩種寫法已同時流行④。其次,小邾國是因夷父顏有功於王室,當周宣王時封其子肥於郳(今滕縣東 6 里),由邾別封,故稱小邾,典籍或稱郳。《左傳》莊公五年:"郳犁來來朝"。孔穎達《正義》引宋仲子注:"朱顏別封小子肥於郳,爲小邾子。""郳"字《穀梁》同,《公羊》作"倪"、"兒"。傳世銅器有郳姁鬲⑤,爲陳介祺舊藏,國名也作"郳"。可見,小邾國的國名在銅器銘文中寫作"郳",而並不是寫作"邾",這和魏國銅器銘稱魏爲"梁"、隨國銅器銘稱隨爲"曾"是同樣的道理。

明確了"邾"是指邾國而不是小邾,那麼對鎛銘所述及的史實就可作進一步的探討了。

春秋晚期,由於句踐勵精圖治,經過"十年生聚,十年教訓",終於使越國崛起於政治舞臺,稱霸東方。滅吳後,爲了進一步經營北方,問鼎中原,句踐便遷都於山東琅琊⑥。

在這個歷史背景下,泗上諸侯紛紛巴結討好越國,越國也儼然以宗主而自居,"歸吳所侵地於宋,與魯泗東方百里"⑦。許多小國投靠越國後有恃無恐,以致"恃越而亡"⑧,如莒國,邾國也是如此。

---

①　孫詒讓《古籀餘論》卷二。
②　參看王獻唐《春秋邾分三國考》,齊魯書社,1982 年。
③　陳公柔《滕國、邾國青銅器及其相關問題》,載《中國考古學研究》。
④　詳拙文《從青銅器銘文論吳國的國名》,《東南文化》1991 年第 6 期。
⑤　《三代吉金文存》5·23·2。
⑥　句踐遷都琅琊,《竹書紀年》云於晉出公七年(句踐廿九年),《吳越春秋》記在句踐廿五年。
⑦　《史記·越王句踐世家》。
⑧　《戰國策·齊策》。

《左傳》中的一些記載值得注意：

哀公二十二年："夏四月，邾隱公自齊奔越，曰：'吴爲無道執父立子。'越人歸之，大子革奔越。"邾隱公爲吴所囚，見於八年《傳》，吴因邾子無道，令太宰子餘討之，"囚諸樓臺，栫之以棘"，使諸大夫奉立太子革。十年，邾隱公逃到魯國，因是齊甥的關係，投奔齊國。此時越國幾乎已滅掉吴國（本年冬十一月吴亡），邾隱公才會以吴之仇敵身份求越助其復辟。

哀公二十四年："邾子又無道，越人執之以歸，而立公子何。"越國又用武力策劃了一次政變，抓了邾隱公，改立太子革的弟弟爲邾君。

哀公二十七年："春，越子使舌庸① 來聘，且言邾田，封於駘上。二月，盟于平陽。"因魯國侵佔了邾國的土地，所以越王句踐派大夫舌庸來與魯國談判，協定以駘上爲魯、邾兩國的交界。

從上述記載來看，越國不僅掌握了邾君的廢立大權，玩弄邾君於股掌之上，而且以保護者的身份與魯談判，主持邾、魯分界，其宗主的面目躍然紙上。這和鎛銘中稱越爲"主越"若合符節。鎛銘記録的這次由越主持的莒、邾分界與哀公二十七年的魯、邾分界，何其相似乃爾！

再説莒國。莒也是泗上諸侯之一，是在春秋初年遷到今山東莒縣的一個己姓諸侯小國，戰國時爲楚所滅。越國强盛時，莒投靠越國，有恃無恐，以至後來"恃越而亡"。

莒、邾兩國時常聯合，在《左傳》中也有不少反映：

襄公四年："冬十月，邾人、莒人伐鄫。"這次是邾、莒聯合伐鄫國。

襄公十五年："秋，邾人伐我南鄙，使告於晉。晉將爲會，以討邾、莒。"這是因邾國伐魯，魯國遷怒於莒、邾。

襄公二十年："春，及莒平。孟莊子會莒人，盟于向，督揚之盟故也。……邾人驟至，以諸侯之事弗能報也。秋，孟莊子伐邾以報之。"這次莒國單方面與魯修盟，引起邾國的不滿，招致魯國的討伐。

① 原作"后庸"，楊伯峻《春秋左傳注》據唐石經、宋本等改，可從。

　　昭公十三年,因魯國伐莒國,奪取了郠邑,"爲取郠故,晉將以諸侯來討。……七月……遂合諸侯于平丘。……邾人、莒人愬於晉曰"云云。邾、莒兩國又共同控告魯國。

　　由於邾、莒共同投靠越國,所以在出現領土糾紛時便請越國主持公道。從鎛銘來看,似乎是莒在邾內亂時趁機擴大疆土,侵及邾國,而越國漁翁得利,結果莒君還要對越"連余大邾"表示"稱勞"。莒、邾之國君卑躬屈膝到如此地步,其地位可想而知。這和上引《左傳》的記載正可互證。由於邾君是得到越國的武力支援才保住君位的,而莒國又是恃越而大的,所以他們才會甘心情願奉越國爲宗主,聽憑其擺佈。雖然鎛(鐘)銘所記錄的這次莒、邾分界故事未見《左傳》等史籍記載①,但透過銘文仍可以幫助我們瞭解這一段史實。同時,句踐遷都琅琊的說法也可由此得到旁證。從越國的歷史來看,鎛(鐘)銘所載的史實大約發生在句踐晚年。

　　綜上所述,甲、乙、丙三件鎛(鐘)係越器,銘文記錄的是一次越國主持的莒、邾分界會盟的內容②。由於"能原"二字係前人之誤釋,鎛(鐘)名可改稱之爲"越、莒、邾盟辭鎛(鐘)"。參照銘文所反映的史實,結合三件鎛(鐘)的形制、花紋、書體等特點來考慮,其製作時間可定在春秋晚期越王句踐的晚年,約公元前473年稍後。

　　1999年2月據舊稿改寫。

(原載《故宮博物院院刊》1999年3期)

---

① 《墨子·非攻中》稱,莒國的東面,"越人夾削其壞地",不知是否與這次事件有關。
② "之利"殘片所述的內容很有可能與之有關。

岣嶁碑研究

一 引言

湖南省的衡山，古稱南嶽，爲湘資二水的分水嶺，主峰稱岣嶁峰，在衡陽市北。山上有一處古今聞名的刻石，俗稱"岣嶁碑"。後人見其文字奇古，遂附會爲夏禹治水時所刻，故也稱之爲"神禹銘"或"禹碑"。原刻久湮未顯，現今流傳的拓本均爲後世所摹刻。

近人楊震方在其《碑帖敘録》"岣嶁碑"條下云："岣嶁碑，在湖南衡山祝融峰，即'岣嶁峰'，又謂在衡山縣密雲峰。傳爲夏禹時所建，然宋代金石家對此未加論述，至明楊慎始盛加讚美，即著名於世。於是各地起而重刻，現雲南昆明、四川成都、湖南長沙、西安碑林、河南汲縣等地均有摹刻本，凡七十餘字。此碑書法非篆非蝌蚪文，頗爲獨特，實難信其爲古代之文字。"

對岣嶁碑文字的研究，自明人楊慎始，代有其人。然衆説紛紜，或以爲是夏代文字，或以爲是蝌蚪文，或以爲是甲骨文，或以爲是比甲骨文更早的文字，更有人哀歎它爲人類無法辨認的"天書"。[①] 有清以來，也有人持否定態度，甚至直斥其爲楊慎僞作，新版《辭海》則斷言岣嶁碑"出後人僞造'[②]。岣嶁碑由於其文字奇譎詭異，所以，撲朔迷離，迄今仍帶著神秘色彩。

前人對岣嶁碑的識讀，大都附會夏禹治水之説，穿鑿牽强，自不可據；然後世持虛無主義態度，斥其爲僞非，亦未爲允。筆者對岣嶁碑注目有年，探索研究，時有新獲，今經梳理，以就正於方家。

---

① 林琳《禹碑之謎》，《中外歷史》1987 年 2 期。
② 新版《辭源》謂："近人疑爲楊慎僞造"，比較客觀。

二　傳聞及記載

　　王昶《金石萃編》卷二載："此碑（指岣嶁碑）自南宋始出"，發現者何致（字千一）。朱彝尊在《曝書亭集·書岣嶁山銘後》也謂："地誌稱，宋嘉定中有何賢良致，於祝融峰下，樵子導之，至碑所，手摸其文以歸，奉曹轉運彥約。時人未信，致刻之於嶽麓書院。"宋張世南《遊宦紀聞》中，詳細記載了這一發現經過："何賢良名致字子一①，嘉定壬申遊南嶽至祝融峰。案嶽山圖，禹碑在岣嶁山。詢樵者，謂採樵其上，見石壁有數十字。何意其必此碑，俾之前導。過隱真屏，復渡一二小澗，攀蘿捫葛至碑所，爲苔蘚封，剝讀之，得古篆五十餘，外癸酉二字，俱難識。……而其形模果爲奇特，字高闊約五寸許。"由於此碑所出較晚，故宋人有關金石著作中不見刊佈。

　　知衡山有古刻摩崖，其實並非始於宋。

　　《吳越春秋》卷六載："（禹）乃案《黃帝中經曆》，蓋聖人所記，曰：'在於九山東南，天柱號曰宛委。赤帝在闕，其巖之巔，承以丈玉，覆以磐石。其書金簡，青玉爲字，編以白銀，皆瑑其文。'禹乃東巡，登衡嶽，血白馬以祭，不幸所求。"大禹云云，純系古史傳聞，不足爲據。然透過禹登衡山以求金簡這一傳說，可知衡山當有古刻存在。酈道元《水經注》謂："（禹）治洪水，血馬祭（衡）山，得金簡玉字之書"②，指的是同一件事。

　　劉顯《粹璣録》載："蕭齊高祖子鑠封桂陽王，時有山人成翳遊衡岳，得禹碑，摹獻之王。王寶之，爰採佳石翻刻，始見於世。"劉顯爲南朝梁時人，這裏明確提到衡山有所謂"禹碑"的存在。文中謂蕭鑠曾以摹本刻石，然世傳諸法帖均不見此本。

　　唐代大文豪韓愈曾遊衡山尋找此碑，《謁南嶽廟兼岣嶁山》詩云："岣嶁山尖神禹碑，字青石赤形模奇，科斗拳身薤倒披，鸞飄龍泊拏虎螭。……事嚴蹤迹鬼莫窺，道人獨上偶見之。千搜萬索何所有，森森綠樹猨猱悲。"③可見其未親眼見到，僅得之於道人之口。詩人劉禹錫也曾聽説衡山有古碑，其

---

① "子"係"千"字之誤。
② 顧祖禹《讀史方輿紀要》八十三"衡州府衡陽縣"條下，也有類似記載。
③ 見《韓昌黎文集》。

《寄呂衡州》詩云：“嘗聞祝融峰，上有神禹銘，古石琅玕姿，秘文螭虎形。”①
崔融也有文云：“於鑠大禹，顯允天德。龍畫傍分，蝶書扁刻。”② 大概他是見
到原刻的，否則所述不可能如此形象。唐代的發現，除了詩文以外，還見於
徐彥所著的《五宗禪林觀空錄》：“六祖慧能法徒行思，行思傳希遷於湖南。
遷徒永曇上衡山岣嶁峰，一夕起溺，忽見光芒徹窗壁如火，驚出視其光發自
峰，椒林草石皆赤，逾時乃滅。翌日率徒衆負鋤攀援陟覽，得石洞，蒙茸翳
蔽，斬棘而入。洞壁有蝌蚪書，字大如拳，不可識。因憶峰故傳禹碑，循環
覓，無之，疑此是也。曇默溯上古未有碑名，皆云立石，益信大禹紀績非碑，
乃鋟巖石耳。”記載雖具神話色彩，但永曇發現此刻石當是事實，而且明確指
出是摩崖石刻而非碑。

　　宋陳田夫《南嶽總勝集》載：“雲密峰半有禹碑，禹王至此，量之高四千
一十丈，皆蝌蚪之書。”文中引畢田《詠禹碑詩》：“治水功成王業興，嘉謨垂
世坦然明。琰刻蝌蚪猶難識，況在深雲隱不成”；又引徐靈期《衡山記》云：
“雲密峰有禹治水碑，皆蝌蚪文字，碑下有石壇流水縈之，最爲勝絶”，記述
較爲具體。蘇東坡曾有詩賦岣嶁碑：“憶昔周室欹鴻雁，當時史籀變蝌蚪。厭
亂人方思聖賢，中興天爲生者耆。何人作頌比嵩高，萬古斯文齊岣嶁。”③ 蘇
子不囿舊說，獨具慧眼。大儒朱熹及張栻也曾遊覽衡山，尋找過此碑。④ 可
見，北宋時期仍有關於岣嶁碑的傳聞和記載。

　　上述材料表明，在南宋何致摹刻以前，衡山有古代石刻即所謂“禹碑”
的存在，並非是荒誕無稽的神話。其流傳時間之長，範圍之廣，更不是後人
以“僞作”二字所能替代。特別是今天我們通過研究，已證明其爲先秦刻石
（詳下文），更能證實這些記載的可靠性。

三　翻刻和流傳

　　宋刻明拓本“岣嶁碑”篆文末，有楷書題跋三行：“右帝禹刻南嶽碧雲峰
峭壁間水遠石壇之上，何致千一以論禹□國，窮幽得之，衆謂虞夏之書，刊

----

①　見《劉賓客文集》。
②　見楊慎《升庵文集》引。
③　見《東坡全集》。
④　朱熹後作《韓文考異》，遂謂韓愈詩爲傳聞之誤。張栻文見《南軒文集》。

之□□□，詳記在山下"①。摹刻經過與時間均未道及。上引張世南《遊宦紀聞》載，何致發現刻石後，"取隨行市買曆碎而模之，每摹二。雖墨濃淡不勻，體畫卻不甚模糊。歸取旅舍，方湊成本。何過長沙，以一獻於連帥曹彥約，並柳子厚所作及書般舟和尚第二碑；一揭座右自爲寶玩。曹喜甚，牒衡山，令搜訪。柳碑本在上封寺，僧法圓申以去冬雪多，凍裂之，禹碑自昔人罕見之，反疑何取之他處以誑曹。何遂刻之嶽麓書院後巨石，但令解柳碑來匣之郡庠而已。"文中將何致墨拓及翻刻的經過及原因，已交待得十分清楚，但刊刻年月，仍未涉及。

應該指出的是，嶽麓書院後何致刻石側面另有宋代匠人題記，傳世各種拓本均未收，祇見著於清陳運溶《湘城訪古錄》和陸增祥的《八瓊室金石補正》，文云："嘉定壬申秋，用七十二工。長沙匠何興、李曾美、西川監王興勒字青詔。"三行，字徑二寸許。此題記不僅注明何致拓本摹刻於嘉定壬申（南宋寧宗嘉定五年）即公元 1212 年秋天，以及用工之數、刻工姓名，而且還證明了此石即宋刻原石，彌足珍貴。後世所傳各本，均源於此石②，爲翻刻流傳之岣嶁碑祖本。浙江圖書館藏有該石的明拓本，字口清晰，拓工較精，堪稱善本（圖一）③。

何致刻石歷幾百年，後漸湮，明嘉靖甲午（公元 1534 年），長沙郡守潘鎰得於嶽麓山草莽中，始拓以傳世④。後何刻剝蝕不清，順治末彭而述復鐫之⑤，故今傳清拓嶽麓書院本字體不類明拓，已非宋刻舊貌。

茲將明嘉靖甲午後各地翻刻流傳情況略作勾稽，以明其淵源所在。

嘉靖甲午年（公元 1534 年），進士張素在長沙嶽麓書院見到此石，丙申（公元 1536 年）持拓本歸家鄉雲南安寧，贈予謫戍去南的楊慎。楊見而異之，乃作釋文，且歌敘其事，並倡議以此拓鐫刻於安寧縣法華寺雞嶺巖壁，此爲

---

① 此跋也見江昱《瀟湘聽雨錄》、王伯綏《禹碑考》及陸增祥《八瓊室金石補正》，所錄均有殘闕和誤釋。

② 據楊時喬《禹碑考證》碑及汪師韓《韓門綴學》云，何致也曾刻於夔門觀中，然後世未見傳本。

③ 近人諸暨余重耀舊藏，承浙江圖書館提供照片，特此誌謝。張彥生《善本碑帖錄》謂"何刻原拓無傳"，不確。

④ 見楊時喬《禹碑考證》碑，作於萬曆三十二年。據明熊宇《嶽麓書院石壁禹碑記》及清江有溶《大禹碑跋》則云"嘉靖癸巳"，早一年。

⑤ 參見王伯綏《禹碑考》。

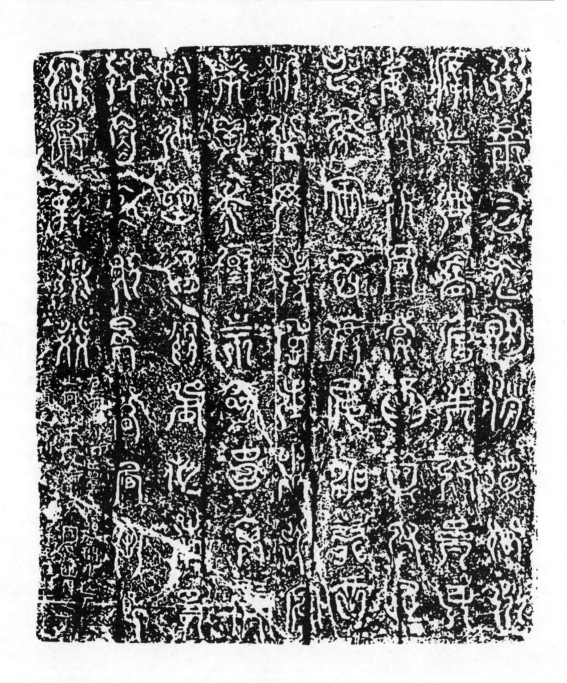

圖一

雲南本。民國年間，因該碑泐甚，當地父老又用此本舊拓另刻於縣北溫泉巖洞內，行款則改爲七行①。楊慎後來又用嶽麓書院本復刻於家鄉四川成都，是爲成都本。

嘉靖乙未（公元 1535 年）秋，南京禮部尚書湛若水得某人所贈拓本，後來張襄將其刻於南京新泉書屋，碑中篆文每字下注以楊慎、沈鎰釋文，② 是爲新泉書屋本。辛丑（公元 1541 年）冬，安如山以新泉書屋本復刻於浙江紹興禹陵。③ 紹興禹碑刻於嘉靖二十年，而新泉書屋本已有楊慎釋文，則其刊石時間當在嘉靖十五年到二十年之間可知。是本據禹陵拓本所見，比較忠實於宋刻，雖行款更易，仍不失爲佳本。需要指出的是，前人或以爲新泉書屋本非出自嶽麓書院本，其致誤原因主要來自湛若水《甘泉文集·禹碑敘》："余來爲南禮部尚書之明年，傳聞衡山有禹碑發於地中，即欲往觀而未能。又明年爲嘉靖乙未之秋，楚士有摹神禹碑來遺者。"紹興禹碑知府張道明跋亦謂"近衡山土裂而古碑出焉"。所謂出自衡山云云，咸系傳聞而非親眼目睹。況且嶽麓書院何刻之發現爲嘉靖甲午，與傳聞衡山出土禹碑爲同年之事，一年中兩地發現同一碑，豈非怪事？實因衡山古峋嶁碑的摹刻本重新發現於長沙，以訛傳訛，遂以爲古碑出自衡山矣。尤爲重要的是，湛文又謂拓本中"獨於碑末有小楷書'右帝禹刻'四字，意者必後來漢唐人因見此碑別有所考據而題之"，可見湛若水所得本中文末有題記，而此題記恰恰是嶽麓書院本的何致題記。可能是拓本不清，故其祇見首四字。倘所見爲衡山古峋嶁碑之拓本，焉能出現此題記？此爲新泉書屋本出自嶽麓書院本之鐵證。

繼新泉書屋刻石後，萬曆中楊時喬又以嶽麓書院本刻於江蘇棲霞山天開巖，並作長篇考證附其旁，此爲棲霞本。後楊氏將考證寄往長沙，重刻於嶽麓書院舊所。據岳麓書院楊時喬考證碑，作於萬曆三十二年（公元 1604 年）二月，則棲霞山本至遲不能晚於是年刊刻④。萬曆丙午（公元 1606 年），副使

---

① 見法華寺禹碑張素跋文；林沖《禹碑探迹》，《文物天地》1984 年 1 期。
② 參見湛若水《甘泉文集·禹碑敘》及楊時喬《禹碑考證》碑。
③ 見紹興禹碑明知府張明道跋。紹興市文化局編《紹興名人名勝錄》謂是碑"知府張明道以嶽麓書院本翻刻於此"；《金石粹編》云："乃明安如山等以楊氏本所摹其石"，均不確。按禹陵碑行款既不同於嶽麓書院本，也不同於楊慎本，釋文同於新泉書屋本。特別是張跋中祇提新泉書屋刻石，又云"近衡山土裂而古碑出焉"，不言嶽麓書院發現，實爲照搬湛若水之說，此爲禹陵碑出新泉書屋本之確證。
④ 楊時喬《禹碑考證》；嘉慶《湖南通志》。

鄧以清以棲霞山本翻刻於祝融峰觀日台①。

　　萬曆年間，副使管大勳用嶽麓書院本刻於衡山石鼓書院，後燬，知府李拔重摹。康熙初僧道重又以管本刻於岣嶁峰雷祖殿後②。

　　明代之翻刻，尚有容璠刻於江蘇揚州甘泉書院③，張應吉刻於河南湯陰④。又河南汲縣也有刻本，云是萬曆中潞王所立⑤。

　　清代之翻刻，康熙年間，有毛會建刻於大別山，丙午（公元 1666 年）毛氏又刻於西安碑林⑥。據毛跋云是本出自嶽麓書院本，檢閱拓片字體，則同於流傳的清拓嶽麓書院本，且遜於該本，非宋舊刻，可見清初宋刻復鐫之説不誤。康熙癸丑（公元 1673 年），李藩刻於山東黃縣⑦。咸豐十一年（公元 1861年），侯建功摹刻於甘肅蘭州禹王廟（現樹於白塔禪院），其摹自何處，侯跋未作説明，從整體看，可能出自西安碑林本⑧。光緒年間，巡撫劉樹棠又摹刻於河南開封禹王臺（即古吹臺）禹王殿⑨。尚有高氏本，見《墨林快事》。又有濟南長山本、歸德府署本等⑩，俱為重摹。

　　1984 年，福建省博物館的同志在漳浦趙王城內發現岣嶁碑殘石，僅存首尾兩石⑪。根據石數（四塊）及行款等情況看，此刻時間不會早於清季。

　　以上僅就筆者所掌握之材料而言，肯定尚有遺留，俟知者有以補之。

四　析字和與考釋

　　考察岣嶁碑文字，雖然其較為奇詭，再加上又是宋代所摹刻，難免走樣，甚至出現誤筆等情況⑫，但它確是有所根據，並非嚮壁虛造。

---

① 嘉慶《湖南通志》。
② 嘉慶《湖南通志》。
③ 見湛若水《甘泉文集》；朱繼聖《禹碑辨》；嘉慶《湖南通志》；王昶《金石萃編》。
④ 見嘉慶《湖南通志》。
⑤ 嘉慶《湖南通志》；又黃叔璥《重立岣嶁碑記》。
⑥ 見西安碑林本毛會建跋；嘉慶《湖南通志》；王昶《金石萃編》。
⑦ 見李藩所撰記；嘉慶《湖南通志》；王昶《金石萃編》。
⑧ 見呂子玉《蘭州白塔山“禹王碑”考補並試析》，《蘭州學刊》1987 年 2 期。
⑨ 見張盛智《古吹臺·禹王臺·三賢祠》，《文物天地》1984 年 4 期。
⑩ 見嘉慶《湖南通志》及王昶《金石萃編》。
⑪ 此蒙福建省建陽師範學校徐明同志告知，並惠以其論文《從漳浦趙王城摹刻岣嶁碑試探岣嶁碑字的源流》（油印稿），誌此致謝。
⑫ 宋人及清人金文著錄中，此類例子甚多，有些器物今仍傳世，可以對比。

　　對先秦古文字稍有涉獵的同志知道，春秋戰國時期是漢字形體發展史上比較混亂的一個階段，文字異形，諸體雜陳，區域特點更爲顯著，尤以戰國文字變化爲甚。再有種種我們不熟悉的結構形式，以及普遍使用的同音通假。因此，辨識難度較大，特別是特殊字體更是如此。有些傳世的戰國文字資料，直到近年才得以確認。如宋人金文著録中的所謂“夏帶鉤”即鳥書帶鉤，其實是一篇箴言①，即其典型的例子。許慎《説文解字·敘》説文字有八體：大篆、小篆、刻符、蟲書、摹印、署書、殳書、隸書，到王莽時則改爲六書：古文、奇字、篆書、佐書、繆篆、鳥蟲書，裏面都提到過這種特殊的字體。

　　根據目前所掌握的材料表明，這一時期的特殊字體，主要流行於南方的吳、越、楚、蔡等國。而前人所謂的蝌蚪文，實際上是指用毛筆書寫的文字，其特點是筆畫中肥末鋭，形似蝌蚪，流行於三晉地區②。南方流行的特殊字體，實際上是一種美術字，後人稱之爲“鳥蟲書”。容庚先生曾經指出：“春秋戰國期間，有三種異體，通行於楚越，尚須説及：1. 奇字鐘，原文無法認識。2. 鳥書，如楚王酓璋戈，錯金書。鳥書見於兵器者尚多，彝器祇有一個越王鐘。……3. 蚊脚書，如楚王酓肯盤，每字都作長脚下垂。”③ 其實，容先生所指出的前兩種異體，仍應歸入一類，祇不過有時候某些器銘的鳥形特徵略爲突出而已。

　　岣嶁碑的字體，正是這種南方流行的特殊字體即鳥蟲書。它與傳世的能原鎛④ 及宋薛尚功《歷代鐘鼎彝器款識法帖》著録的之利鐘（商鐘四）、越王鐘（商鐘一至三），如出一轍。因此，僅從字體著眼，即可以得出岣嶁碑是春秋戰國時刻石的結論。

　　下面，我們對岣嶁碑的字形作具體分析。爲便於讀者瞭解釋文依據及方便印刷，特製成字表如次（見下附表）。第一行爲岣嶁碑原字形；第二行爲我們析出的字形（去掉飾筆、誤筆）；第三行爲校正後的字形（毋需校正則不列）；第四行爲參照字形（同字或以爲偏旁）；第五行爲隸定的釋文。

　① 李零《戰國鳥書箴銘帶鉤考釋》，《古文字研究》第八輯，中華書局，1983 年。
　② 參見李學勤《東周與秦代文明》，文物出版社，1984 年。
　③ 容庚、張維持《殷周青銅器通論》，科學出版社，1956 年。
　④ 即容庚文中的奇字鐘，現分別收藏於北京故宮博物院和臺北故宮博物院。

字形分析表

原形	析字	校正	參照		隸定
				a	佳
				a	王
					二
				a	年
					六
					月
					丁
					酉
					承
					釘
					戉
				a	臣
					富旦
				a	朱
					勻
				a	凡
				a	吕
				a	悤
				a	巛

續表

原形	析字	校正	参照		隸定
〔篆〕	〔篆〕	〔篆〕	〔篆〕	〔篆〕	乓
〔篆〕	〔篆〕	〔篆〕	〔篆〕 c	〔篆〕 a	日
〔篆〕	〔篆〕	〔篆〕	〔篆〕	〔篆〕 b	登
〔篆〕	〔篆〕	〔篆〕	〔篆〕	〔篆〕	余
〔篆〕	〔篆〕	〔篆〕	〔篆〕	〔篆〕	盟
〔篆〕	〔篆〕	〔篆〕	〔篆〕	〔篆〕	於
〔篆〕	〔篆〕	〔篆〕	〔篆〕	〔篆〕	此
〔篆〕	〔篆〕	〔篆〕	〔篆〕	〔篆〕	曰
〔篆〕	〔篆〕	〔篆〕	〔篆〕	〔篆〕	虔
〔篆〕	〔篆〕	〔篆〕	〔篆〕 d	〔篆〕 a	主
〔篆〕	〔篆〕	〔篆〕	〔篆〕	〔篆〕 a	山
〔篆〕	〔篆〕	〔篆〕	〔篆〕	〔篆〕 a.	鹿
〔篆〕	〔篆〕	〔篆〕	〔篆〕 c	〔篆〕	女
〔篆〕	〔篆〕	〔篆〕	〔篆〕	〔篆〕	弼
〔篆〕	〔篆〕	〔篆〕	〔篆〕 a		益
〔篆〕	〔篆〕	〔篆〕	〔篆〕	〔篆〕	畐
〔篆〕	〔篆〕	〔篆〕	〔篆〕 c	〔篆〕 a	利
〔篆〕	〔篆〕	〔篆〕	〔篆〕	〔篆〕	关
〔篆〕	〔篆〕	〔篆〕	〔篆〕	〔篆〕	四
〔篆〕	〔篆〕	〔篆〕	〔篆〕	〔篆〕	行

續表

原形	析字	校正	參照	隸定
			a	王
			a	生
		c		禾
				遊
		a		卑
			a	币
				長
			a	泰
			a	揚
			a	王
			a	夙
				夕
			e	袞
			e	賞
				穆
				用
				工
				燮
				允
			a	有

續表

原形	析字	校正	參照		隸定
				a	作
			a		南
				a	夆
					冞
					百
			c	e	匕
			c	a	則
					丘
				a	田
				a	煙
			f	a	艸
				a	冪
					窆
					用
					拜
					光
					关

說明：

　　參照欄所注代碼，"a"指小篆，"b"指《說文》籀文，"c"指宋薛尚功《歷代鐘鼎彝器款識法帖》，"d"指《侯馬盟書》，"e"指《古璽文編》，"f"指《陶文者錄》，不注明者皆採自新版《金文編》。

根據上表，將釋文依原碑行款隸定如下，並作考釋。

> 隹（唯）王二年六月丁酉，承
> 幻（嗣）戉（越）臣宩（憲）亘朱屮（句），凡呂（以）
> 惎（慜）巛（順）氒（厥）日登。余盈（盟）於此，
> 曰：虏宔（主）山麓（麓），女（汝）弼益畐（福），
> 利关（朕）四行，王生（姓）禾（和）迻（攸），卑（俾）
> 帀（師）長黍。揚王。凤夕哀賞，
> 穆用工，娤（其）允有乍（作）。南夆（峰）
> 開（淵）百（陌），匕（曲）則（側）丘田，煙艸（草）羸
> 窓。用拜光关（朕）。

唯王二年六月丁酉

這是記録登臨的日子。據下文，作銘者爲越國朱句，則王乃指越王不壽。按越世系典籍記載有所不同，《竹書紀年》及《史記·越王句踐世家》均載朱句上一世爲"不壽"，而《吴越春秋》與《越絕書》均奪去，以朱句爲與夷子、句踐孫。陳夢家先生在《六國紀年》一書中曾詳加考證，肯定了《竹書紀年》的説法，此不煩引。《竹書紀年》述越世有年數，據楊寬《戰國史·戰國大事年表》，不壽應於公元前457～前448年在位，則可定本銘作於公元前456年六月丁酉日。

承嗣越臣憲亘朱句

朱句繼不壽爲王，在位三十七年。此時尚未即位，故稱"承嗣越臣"，既表明了自己的嗣王身份，又説明了其臣子的地位，一語雙關。關於朱句之名，典籍祇有《竹書紀年》作"朱句"，餘皆作"翁"。傳世越王朱句兵器有劍和矛，近年又有出土，陳夢家先生與筆者均作過統計①，銘文皆作"州句"，"州"、"朱"音近，故可通假。"句"字從"屮"得聲，所以"屮"可讀爲"句"。碑文同於《竹書紀年》。憲，《説文解字》曰"敏也"。《周書·謚法》："博聞多能曰憲"。亘，讀作"桓"，《周書·謚法》："辟土服遠曰桓，克敬勤民曰桓。"典籍或作"桓桓"，乃重言形況字，形容人的威儀。《尚書·牧誓》：

---

① 陳夢家《六國紀年》；曹錦炎《吴越青銅器銘文概述》，《古文字研究》紀念于省吾先生專號。

"尚桓桓";《詩經·周頌·桓》:"桓桓武王"。金文則作"趄趄",如虢季子白盤:"趄趄子白"。《爾雅·釋訓》:"桓桓,威也";《廣雅·釋訓》:"桓桓,武也。"此稱"憲桓",是朱句的自稱之詞。這種自稱例子,金文中多見,如秦公簋:"秦公曰:……余雖小子,穆穆帥秉明德,烈烈趄趄";妄人鐘:"妄趄趄聖順";及上引虢季子白盤,均是其例,不備舉。

凡以怒順,厥日登

《廣雅·釋沽》:"凡,要也。"《春秋繁露·深察名號》:"凡者,獨舉其大事也。"怒字金文皆從"弔",亦皆用同"弔",善也,俗寫作"淑",而與《説文解字》所説的饑、憂之義無涉。"巛"即"順"字之省作,中山王器作"慫",從"心"。《孝經》:"以敬事長則順。"《左傳》襄公三年:"師衆以順爲武",杜預注:"順,莫敢違。"厥日,其日。登,《爾雅·釋詁》:謂"升也",此指登衡山。

余盟於此

盟,古或體"盟"字。《周禮·秋官·敘官》"司盟"鄭玄注:"盟,以約辭告神,殺牲歃血,明著其信也。"按古代有對五嶽之祭祀禮,《周禮·春官》:"大宗伯之職,掌建邦之天神、人鬼、地示之禮,以佐王建保邦國。……以血祭祭社稷、五祀、五嶽,以貍沈祭山、林、川、澤。"祭五嶽除用血祭外,兼有埋祭,見《詩經·大雅·鳧鷖》孔穎達疏。古代對山川祭祀,源於對自然神之崇拜,五嶽四瀆是山川之尊,更需重祀。衡山是南嶽,自在祭祀之列。

曰:虔主山麓,汝弼益福

"曰"下五句,是祭祀時的禱辭。虔,《廣雅·釋詁》謂:"敬也。"主字作"宝",從"宀",見於中山王器及侯馬盟書。主,主持、掌管之義,《史記·天官書》:"太白主中國。"《孟子·萬章》:"使之主事而事治。"是其義。鹿,讀爲"麓",《釋名》:"山足曰麓。"《説文解字》:"林屬於山爲麓。"此處言"山麓"泛指整個衡山區域。"汝"字作"女",金文無例外,此指衡山,亦即衡山之神。弼,《説文解字》:謂"輔也。"《尚書》大傳:"左曰輔,右曰弼。"益,《説文解字》謂:"饒也,從水皿,水皿益之意也。"[①] 益即溢之本字,象器皿中水滿外溢之形,引申爲滿、裕、富、增、多等義,後世作"溢",贅增水旁。此種例子甚多,如"奉"作"捧","共"作"拱"等,均爲疊床架屋。

---

① 此依段注本改。

此言衡嶽爲越之輔弼而增國以福。

利朕四行，王生和攸，俾師長黍

朕从"关"（《説文解字》作"举"）得聲，故可省作"关"。朕，我也。"四行"，四方之出行。金文常見"以征以行"、"用征用行"等套語，吳諸樊劍銘："余處江之陽，至于南行西行。"可以參看。生，讀作"姓"。《尚書·舜典》："帝釐下土方，設居方，別生分類。"傳："生，姓也。"金文兮甲盤"諸侯百生"、臣辰盂"百生"、史頌簋"友里君百生"，"生"均讀爲"姓"。"王姓"，王的同姓，指王族而言。"王生"之"王"字，也有可能是"百"字。"百生"即"百姓"，這裏泛指國人。沇兒鐘銘文有"和會百生（姓）"，義與此近。禾，讀作"龢"，金文"龢鐘"或作"禾鐘"，是其證。經典通作"和"，《一切經音義》引《説文解字》謂："音樂和調也"，實和之本義，引申爲和順、和諧。攸，爲"攸"之繁構，《説文解字》："攸，水行也。"《六書故》引唐本作"行水攸攸也。"本指水流貌，引申爲自得之義，《孟子·萬章》："少則洋洋焉，攸然而逝。"卑，讀爲"俾"，《尚書·無逸》"文王卑服"，馬本作"俾"；彧簋"俾克厥敵"，"俾"作"卑"，是其證。《爾雅·釋詁》："俾，使也。"師，殷墟甲骨文和西周金文均作"𠂤"，西周中期以後有"師"、"帀"兩形，前者用作官名（如大師、師氏），後者指軍隊，春秋戰國時期大都省作"帀"。黍，《説文解字》云："禾屬而黏者也。"今稱黍子，去皮稱大黃米。《韓非子·外儲説》："夫黍者五穀之長也，祭先王爲上盛。"故黍有時可泛指莊稼。本銘的黍用爲動詞，殷墟甲骨文言呼黍於某地習見，黍也用作動詞。"俾師長黍"，謂讓軍隊長期種莊稼，也就是説天下太平、不用打仗的意思。

揚王

稱揚王。"揚王休"是金文習見的套語。大概朱句是受王命（或代王）祭衡山，所以要頌揚王。

夙夕哀賞，穆用工，其允有作

夙，《爾雅·釋詁》云："早也。""夙夕"一詞，金文習見，如："敬夙夕，用事"；"虔夙夕，卹厥死事"；"用奔走夙夕"。或作"夙夜"，如"夙夜奔走"；"用夙夜事"。典籍也有其例，如《國語·晉語》"夙夜征行"；《國語·周語》"夙夜恭也"。"哀賞"，疑當讀爲"褒尚"，"褒"有進義（見《禮記·樂記》注），"尚"亦有勉力、努力義（見《公羊傳》襄公二十九年注），"褒尚"義即"進勉"。金文和典籍常見"穆穆"連稱，爲重言形況語，故本銘"穆"

字下當有重文符號。從先秦辭賦及本碑的行文來看，也應爲四字一句。《爾雅·釋詁》："穆穆，敬也。"用，《荀子·富國》楊倞注："爲也。"《方言》六："行也。"工，假爲"功"，《詩·七月》"載纘武功"傳："功，事也。"允，《爾雅·釋詁》："信也"，"誠也。""有作"，有所作爲，《爾雅·釋言》："作，爲也。"《禮記·禮運》："後聖有作。"此三句是朱句説他日夜進勉，敬謹行事，希望必定有所作爲。"夙夕褒尚"與下句"穆穆用工"連在一起，實爲金文"夙夕用事"句之擴延。

南峰淵陌，曲側丘田，煙草鼏寍

夆，假作"峰"。𣹚，《説文解字》淵字古文作"𣹚"，同此。《管子·度地》："水出地面不流，命曰淵水。"《論語》："如臨深淵"，孔安國注："潭也。"百，讀爲"陌"，陌從"百"聲，故得相通。《廣雅·釋室》："陌，道也。"《史記·秦本紀》："開阡陌。"本指田界，後泛指田間通道。曲字作"乚"，見於鳥書箴銘帶鈎及三孔布，從帶鈎銘"宜乚則乚，宜植（直）則植"之"乚"和"直"相對，可以肯定爲曲字無疑①。則，讀爲"側"，《説文解字》："側，旁也，從人，則聲。"丘田，山田。《説文解字》："丘，土之高也。"《漢書·司馬相如傳》："以登介丘"，顏師古注："山也。"《易·坎》："山川丘陵也"，虞翻注："半山稱丘。""煙草"，泛指氣煙及草樹，《素問·六元正紀大論》有"草樹泛煙"句，可參看。鼏，按《説文解字》解釋，是"以木橫貫鼎耳而舉之"，即指鼎鉉，從古文字考察，當即"幎"之本字。典籍假"幎"爲"鼏"習見，也是旁證。"鼏"讀爲"謐"②，静也。寍，《説文解字》云："安也。"今通作"寧"。鼏寧，安静也。國差𦉜："齊邦鼏静安寍"，用法與此同。此三句是即景而賦，遠望南面山峰，水潭道路，旁依彎彎曲曲之丘田，草樹浮煙，一片寧謐太平景象。

用拜光朕

《倉頡篇》："用，以也。"《廣雅·釋話》："光，照也。"引申爲寵，《廣雅·釋言》："光，寵也。"此句謂拜謝王對自己的光寵，與前句"揚王"相呼應。

本銘是一篇登高祭山之辭，雖多套語，但仍不乏精彩之句，特別是最後

---

① 李零《戰國鳥書箴銘帶鈎考釋》，《古文字研究》第八輯，中華書局，1983年。

② "鼏"與"密"相通，見朱駿聲《説文通訓定聲》。《爾雅·釋詁》："密，静也"；《孟子》："四海遏密八音"注："無聲也"，"密"即"謐"之假字。所以，"鼏"可讀爲"謐"。

即景而賦，堪與石鼓文媲美。這在先秦器物銘文中是很難見到的①。

五　相關諸問題

上面我們已經對岣嶁碑作了全面的研究，下面想就由此涉及的幾個問題，作簡短的討論。

（一）關於刻石之所

關於刻石的確切處所，前人說法不一，有"岣嶁峰"、"祝融峰"、"雲密峰"、"密雲峰"、"碧雲峰"等說。按衡山群峰，以祝融、紫蓋、雲密、石廩、天柱五峰最大，分隸七十二峰，岣嶁峰隸屬於石廩，碧雲峰隸屬於雲密。何致親詣碑所，將拓本帶回，題記中明云"碧雲"。徐靈期《衡山記》謂在"雲密"，然所記之地理環境與何致題記完全吻合（碑下有石壇流水環繞），可知必爲一地，當以何說爲準，刻石應在碧雲峰。因碧雲峰隸屬雲密峰，自然也可稱爲"雲密峰"。所謂"密雲峰"，衡山七十二峰無此峰名，當是"雲密"（或"碧雲"）之訛。至於岣嶁峰，因其爲衡山主峰，故衡山稱岣嶁山。《山海經》郭璞注："衡山，南嶽也，一名岣嶁山。"因此，所謂岣嶁山，並非專指岣嶁峰，也可泛指七十二峰，祇要其不出衡山範圍即可。這猶如浙江的天台，並非專指天台山，也可泛指整個天台地區②，是同樣道理。可見，刻石祇要在衡山範圍以內，仍然可稱在岣嶁山，岣嶁碑的得名，亦即源於此。另外，祝融峰之說，前人已將其與岣嶁峰相混，自可不必辯。

近年來，全國文物部門正在開展文物普查工作，有些久湮不見的石刻重新被證實，如祇見於王彥威《台州府志》記載的所謂"韋羌蝌蚪"崖刻，已由浙江省仙居縣文管會發現，即其一例③。我們相信，隨著普查工作的深入，原刻"岣嶁碑"有可能會重見天日。

---

① 關於岣嶁碑釋文，前人對"此"、"麓"、"哀"、"南"、"寧"五字已識出，餘皆不可取。徐明同志也識出了"黍"字，見前注徐文。

② 如元胡三省，爲寧海人，而其注《資治通鑒》署名則云"後學天台胡三省"。參見徐三見《天台小考》（油印稿）。

③ 台州地區文管會文物普查資料。

（二）關於越國疆域

朱句能在不壽二年登衡山刻石，且在碑文中隻字不提楚國，顯然此時衡山（至少是一部分）應屬於越國所有。

按楚人進入沅湘流域，約在楚悼王時期，《後漢書·南蠻西南夷列傳》："吳起相悼王，南并蠻越，遂有洞庭、蒼梧。"據此，衡山在此前當爲越之所有（當然，也不排除本屬吳地的可能性，詳下）。《國語·越語》載："句踐之地，南至於句無，北至於禦兒，東至於鄞，西至於姑蔑。"其四至比較清楚，但這裏指的是句踐後期尚未滅吳時的情況。滅吳後，越自然擁有吳之全境。誠然，典籍中並無明確記載衡山屬吳地，但有關史料值得重視。《左傳》襄公三年："楚子重伐吳，……克鳩茲，至于衡山。"杜預注以鳩茲在蕪湖縣東，衡山在吳興烏程縣南。然兩地相距甚遠，前人頗疑之，以爲此衡山應指安徽當塗縣北六十里之橫望山；顧炎武則以爲在丹陽縣，今名橫山[1]。此處之衡山，是否即湖南的衡山，值得考慮，此其一。《史記·吳太伯世家》："公子光伐楚，拔居巢、鍾離。"兩地一屬廬江，一屬九江，均距湖南不遠。特別是闔廬九年，吳伐楚五戰五勝，"吳兵遂入郢"。倘衡山早已屬楚，此後，衡山歸入吳國版圖，越滅吳，又入越境，也並非不可能，此其二。又，《漢書》載淮南王《諫伐閩越書》言："越人欲爲變，必先由餘干界中。"則越之疆域本至江西弋陽、貴溪二縣，《大明一統志》亦謂"（貴溪）本越之西境，爲越餘地，漢置餘干縣。"特別是據考古發掘資料，如 1979 年發掘的貴溪崖墓群，表明這一帶確是越地[2]。衡山有可能原也屬越所有。尤其重要的是，在湖南的湘鄉、湘潭、衡陽、益陽等地的春秋戰國墓中，常常出土具有越族風格的青銅器[3]，如所謂"靴形鉞"、"王字矛"等，在浙江各地屢有發現，我們早就指出過，它們是典型的越族文物[4]。倘衡山屬越成定讞，上述各地出土大量越器本屬情理中事。則墓葬屬越抑或屬楚，值得進一步推敲。

---

①　顧炎武《亭林文集》。

②　江西省歷史博物館、貴溪縣文化館《江西貴溪崖墓發掘簡報》，《文物》1980 年 11 期。

③　高至喜《湖南發現的幾件越族風格的文物》，《文物》1980 年 12 期；湖南省博物館等《湖南益陽戰國兩漢墓》，《考古學報》1981 年 4 期。

④　曹錦炎、周生望《浙江鄞縣出土的春秋時代銅器》，《考古》1984 年 8 期。

六　結論

綜上所述，可歸納出幾點結論：

1. 衡山"岣嶁碑"是客觀存在的先秦刻石，並非出於後人僞造，但也不是夏禹時代的作品。

2. 岣嶁碑是越國刻石，作者爲後來繼承王位的朱句，刻於公元前 456 年。它是繼秦詛楚文、中山國守丘刻石後，戰國刻石的又一次發現，彌足珍貴。

3. 岣嶁碑的内容是一篇祭祀南嶽衡山的刻辭，根本不是大禹治水時的誥文，即所謂"神禹銘"。

4. 刻石的地點在衡山碧雲峰，南宋時何致將其摹刻於長沙嶽麓書院後巨石上，後世流傳於全國各地的翻刻本，均源於此。

5. 越滅吴後，越國的勢力範圍可能已達衡山一帶。

（原載《文物研究》總第五輯，收入本書時略有修改）

越王姓氏新考

越王之姓，歷來有二說：一以爲姒姓，一以爲羋姓，然證據終嫌薄弱。由於言人人殊，遂使紛歧益滋，至今尚無定說。筆者不揣譾陋，今以管窺之見，提出另外新說，以求正於同志們。

《史記·越王句踐世家》云："越王句踐，其先禹之苗裔，而夏后帝少康之庶子也。封於會稽，以奉守禹之祀。"《吳越春秋》又云："……少康恐禹祭之絶祀，乃封其庶子於越，號曰無余。"根據這些記載，可以知道越王的先祖名叫無余，始封於越地，他是"禹之苗裔"，也就是説他是夏族的後代。

韋昭在注解《國語·吳語》時指出："句踐，祝融之後，允常之子，羋姓也。"這裏我們不必去深究羋姓之説的根據如何，韋昭指出的句踐爲祝融之後這一點，值得重視。

我們知道，祝融爲顓頊之後（見《史記·楚世家》），而"禹之父曰鯀，鯀之父曰帝顓頊"（《夏本紀》）。原來大禹和祝融有這一層血緣關係，所以作爲祝融後人的越王先祖，被認爲是禹之苗裔，是很自然的。

楚人的先祖，"出自帝顓頊高陽"，"陸終生子六人，……六曰季連，羋姓，楚其後也。"（《楚世家》）也是祝融的後人。再加上楚的分封國也有"越"（《楚世家》云，周夷王時熊渠伐揚粤，立其少子執疵爲越章王），由於這種錯綜複雜的關係，難怪有人要説："越爲羋姓，與楚同祖"了。

越王的先祖，既然是祝融後人，那麼應該是屬於祝融八姓中的哪一姓呢？我們認爲，其應屬彭姓諸稽氏，證據如次。

首先，從出土的銅器銘文來談。

成書於宋代的《宣和博古圖》曾著録一件越王鐘（卷二二·七），越王名爲"者旨於睗"，傳世的同人所作器尚有矛一、劍三，傳出壽縣。1959 年，在安徽淮南市發掘的戰國墓中，出土一批兵器①，其中一件戈上有錯金銘文，一面爲："鉞王者冒於賜"，另一面爲："𢦏亥徐□□王"。關於越王者旨於賜，即諸稽於賜，就是句踐之子鼯與，經過各家考證，已成定論②。但可惜考釋者大都偏重於從"對音"的角度上來考慮，而忽略了"諸稽"爲姓氏這一點。陳夢家先生雖然在《六國紀年》一書中提出"越王中亦以之爲名（或姓），如下述之諸稽於賜"③的懷疑，但他在考證淮南出土的銅器銘文時却没有再堅持④。事實上，"諸稽"爲氏，"於賜"爲名，而《越絶書》作"與夷"乃"於賜"的同音通假字，《吳越春秋》作"興夷"，"興"爲"與"的訛字。"男子稱氏，女子稱姓"，上述銅器銘文中越王名作"諸稽於賜"，正符合我國古代這一習慣。應該説，越王的姓氏，早在出土的銅器銘文上已經是很清楚的了。其實，越國有諸稽氏，已見於史書，《史記·越王句踐世家》："（句踐）使范蠡與大夫柘稽行成，爲質於吳"，《國語·吳語》則作："乃命諸稽郢行成於吳"，是其證。

其次，從越王先祖"無余"來談。

最近，石鍾健先生根據對歷史文獻的考證和"武夷"、"無余"二人名字讀音方面的研究，認定傳説中的武夷君就是越的開國君無余⑤，這是有創獲的。據《武夷山志》卷四《形勢》篇所引《武夷山記》云："昔有神人降此，自稱武夷君。《列仙傳》：籛鏗（彭祖）隱於此山，二子曰武曰夷。二説不同，皆以爲武夷所由名也。"這裏透露出武夷君爲籛鏗之子這一信息，是彌足珍貴的。《列仙傳》雖然是神話志怪一類的書，但其某些記載想必有來歷。武夷君即是無余，雖然不可能是籛鏗之子，但説他是籛鏗後人，至少是有一定根據的。

祝融八姓，"三曰彭祖"（《史記·楚世家》），《索隱》引《系（世）本》云："三曰籛鏗，是爲彭祖。彭祖者，彭城是。"《國語·鄭語》："彭姓，彭祖、豕韋、諸稽，則商滅之矣。"據韋昭注，諸稽氏和豕韋氏都是彭祖之後所別封。諸稽氏既然是彭祖之別封，自然是籛鏗（彭祖）的後人了。

---

①　安徽省文化局文物工作隊《安徽省淮南市蔡家崗趙家孤堆戰國墓》，《考古》1963 年 4 期。

②　馬承源《越王劍、永康元年群神禽獸鏡》，《文物》1962 年 12 期；陳夢家《蔡器三記》，《考古》1963 年 7 期；林沄《越王者旨於賜考》，《考古》1963 年 8 期。

③　陳夢家《六國紀年·六國紀年表考證》下篇第叁伍節。

④　陳夢家《蔡器三記》，《考古》1963 年 7 期。

⑤　石鍾健《論武夷山懸棺葬的有關問題》，《思想戰綫》1981 年 1 期。

由越王先祖無余的考索而得到的材料，與銅器銘文所反映的越王姓氏的事實，若合符節。

最後，從諸稽氏的地望來談。

根據典籍記載，籛鏗封於大彭，其地在今江蘇徐州境。大彭本爲商伯，後爲商人所滅。大彭的別封諸稽氏的地望，古書失載，李學勤先生曾指出，其地應在南方①。

近年在江西靖安出土了幾件徐國的銅器②，其中有一件爐盤，作器者爲"徐令尹者旨型"，者旨型即諸稽型，也是以諸稽爲氏。令尹一職習見於楚國，其職權相當於中原國家的相邦，而楚國擔任令尹一職的都是王族。從這個角度來考慮，諸稽氏與徐國王室的關係是甚爲密切的。我們知道，春秋時期及其以前的徐國，本在大彭舊地。這樣看來，諸稽氏的地望，仍在大彭境內，後來諸稽氏成爲徐國的一支重要力量。徐國的建立，殆與諸稽氏有關。

郭沫若先生曾推測："春秋初年之江浙，殆猶徐土"③，這個看法已被最近在紹興出土的徐國青銅器群所證實④。當然，徐人勢力之南移，是由於周人的不斷壓迫所造成的。西周成、康、昭、穆，直至厲、宣時期，周王朝曾不斷南征淮夷、徐戎，這些史實在銅器銘文和史書的記載中均有反映。大約在這個時期，由於徐人勢力進入浙江，諸稽氏的一支逐漸統治了當地的土著民族——越族，後來創建了越國。

越王句踐滅吳後，徙都琅邪，雖爲爭霸北上，然也不無重返桑梓之嫌矣⑤。

據《路史》記載，句踐之父允常建都於諸暨（今仍其名），而"諸暨"與"諸稽"讀音正相同，其得名大概與諸稽氏有關。

綜上所述，我們認爲越王之姓，既不是姒姓也不是芈姓，而是彭姓諸稽氏。由於諸稽氏本來爲祝融八姓之一的彭姓之後，而祝融與夏禹又有血緣上的一些關係，所以越王被認爲是姒姓；又因爲楚人也是祝融八姓之後，再加

---

① 李學勤《談祝融八姓》，《江漢論壇》1980 年 2 期。
② 江西省歷史博物館《江西靖安出土春秋徐國銅器》，《文物》1980 年 8 期。
③ 郭沫若《殷周青銅器銘文研究·雜說林鐘、句鑃、鉦、鐸》。
④ 浙江省文物考古所發掘資料，待刊。
⑤ 前引淮南出土的越王戈銘文，一面有"徐"等字，惜殘泐，未能通讀，或與此有關。

上楚的分封也有越，所以又被認爲是芈姓。正由於這種原因，遂使越王的真正姓氏反被後人遺忘了。

附記：

本文引用的淮南出土的越王戈，蒙殷滌非先生惠贈銘文摹本，得以辨認，深表謝意。

（原載《中華文史論叢》l983 年 3 期）

《越絶書》"戈船"釋義

　　《越絶書·外傳記地傳》："句踐伐吳，霸關東，從琅琊起觀臺。臺周七里，以望東海。死士八千人，戈船三百艘。"戈船，是吳越地區一種戰船的名稱，一直沿用到漢代。然歷來説解紛紜，莫衷一是。

　　《史記·南越列傳》："元鼎五年秋，……故歸義越侯二人爲戈船、下厲將軍，出零陵，或下離水，或抵蒼梧。"裴駰《集解》引張晏注："越人於水中負人船，又有蛟龍之害，故置戈於船下，因以爲名也。"又引臣瓚曰："《伍子胥》書有戈船，以載干戈，因謂之'戈船'也。"兩説不同。《漢書·武帝紀》："歸義越侯嚴爲戈船將軍，出零陵，下離水。"顏師古注："以樓船之例言之，則非爲載干戈也。此蓋船下安戈戟以御蛟鼉水蟲之害。張説近之。"從張晏之説。日人瀧川資言《史記會注考證》引徐德森謂："戈船，瓚説是。《三輔黄圖》曰：'昆明池中有戈船數十、樓船百艘，船上立戈矛，四角垂幡旄葆麾蓋，照燭涯涘。'是明明以船載戈，初非置於船下。"又引劉攽曰："船下安戈，既難措置，又不可以行。"則以臣瓚説爲是。上述説法，純屬望文生義，近人有説解者，仍不出上述之窠臼，實不可信。宋王觀國反駁上兩説，別出新解："夫船下安戈，雖大江滄海，猶不免挂觸，而況於山谿石險之水乎？戈船者，將軍之號也，言能乘船而用戈以戰，故謂之'戈船將軍'，以其善水，亦戰也，非載干戈者也。載干戈者，載任器之舟耳。"①

　　今按，所謂"戈船"，實爲"弋船"之訛。由於"戈"、"弋"兩字形近，容易致誤。《墨子·備高臨》："備臨以連弩之車，……矢長十尺，以繩□□矢端，如如戈射，以磨鹿卷收。"孫詒讓《閒詁》云："'戈'當爲'弋'，形近而誤。"在古文字中，"弋"字以及用作偏旁之"弋"，往往寫成"戈"。如信

---

①　王觀國《學林》卷三，仍不可據。

陽楚簡 107："……皆三伐之子孫……"，"三伐"即"三代"，在古籍中，"代"、"伐"二字混用也是常見的現象；蔡侯鐘："爲命祇祇，不愿（愆）不貣"，"貣"即"貸"，"不貣"當讀爲"不忒"；楚帛書："四神相弋，乃步以爲歲，是唯四寺（時)"，"弋"即"弌"，"相弋"讀爲"相代"；戰國楚印有"邞昜君鉨"，"邞昜"即"戈陽"，也就是"弋陽"①。其例甚多，不備舉。所以，"弋船"訛爲"戈船"，是完全可能的。

另一方面，據上引臣瓚謂"《伍子胥》書有戈船"，今是書已佚，據《文選》張華《七命》李善注引及《太平御覽》卷三一五引《越絶書》佚文，有伍子胥《水戰兵法内經》，則作"翼"船，有大、中、小"三翼"之分。顯然，"翼"船即"戈"船之異文。上已述"戈船"爲"弋船"之訛，而"弋"與"翼"古音相同，可以互爲通假。《詩·多士》："敢弋殷命"，馬、鄭、王肅本"弋"作"翼"；《爾雅·釋地》："南方有比翼鳥焉"，釋文："（翼）亦作䍂"；《史記·楚世家》："吞三翮六翼"，《説文》"翼"字朱駿聲《通訓定聲》引謂："（翼）字亦變作䍂。"此皆"弋"通"翼"之證。由此可見，"戈船"必爲"弋船"訛誤無疑。否則，"弋船"的異文，無論如何也不會寫作"翼船"的。

弋船的兵力及配備，據《太平御覽》引《越絶書》佚文，"大翼一艘廣丈六尺，長十二丈，容戰士二十六人，櫂五十人，舳艫三人，操長鈎矛、斧者四，吏、僕射長各一人，凡九十一人。當用長鈎矛、長斧各四，弩各三十二，矢三千三百，甲、兜鍪各三十二。"可見大型戰船乘九十餘人，約三分之一爲戰鬥人員。中翼、小翼人數則更少。值得注意的是，所有的戰鬥人員除了裝備有護體的鎧甲和兜鍪外，都配有遠射武器弩及箭，很明顯，這是以弩射爲主的戰船。上引《墨子》"連弩之車"文，是講用弩發射繫繩之箭，然後用輪盤卷收回來再射，故曰"如弋射"。很有可能，"弋船"使用的也是這種連弩。據上文，計每人配備箭祇有一百支左右，很容易一下子就射光，如用弋射辦法，則可收回再射。如此推測不誤的話，則弋船乃因弋射作戰而得名。

"翼船"之名流行，其本名"弋船"反被淹沒無聞，後世"翼船"、"三翼"（大、中、小翼之合稱）遂成爲戰船的代名詞。如張華《七命》："爾乃浮三翼，戲中沚"；謝惠連《從軍行》："趙騎馳四牡，吳舟浮三翼"；朱存《後

---

① 參閱李家浩《戰國邞布考》，載《古文字研究》第三輯。

湖》詩："雷轟疊鼓火旗翻，三異（異假爲翼）翩翩試水師"。再如寒山子詩："快榜三翼舟，善乘千里馬"；周邦彦《六醜》詞："春歸如過翼，一去無迹"，則又引申爲快舟之義。

（原載《文史》第 36 輯）

紹興坡塘出土徐器銘文及
其相關問題

    1982 年 3 月，浙江省考古工作者在紹興市坡塘公社獅子山發掘一座春秋時期的墓葬，出土了一批青銅器[①]。經初步整修去鏽，發現三件器上鑄有銘文。其中一件鼎蓋內有銘文五行，共四十四字；肩部與蓋同銘，環繞二周。根據銘文可知銅器係徐國製造。徐器在浙江境內出土，實屬罕見，這爲研究春秋時期浙江的歷史提供了實物資料。

一

（一）鼎（蓋，圖一；器，圖二）

    隹（唯）正月吉日初庚，郐（徐）□
    尹□自乍（作）湯鼎。函（宏）良聖
    每，余敢敬明（盟）祀，丩湛涂
    俗，以知屮諆。壽躬穀子，
    釁（眉）壽無其（期），永保用 [之]。

吉日初庚

    古人往往把月之第一個庚日視爲吉日（即好日子），如果這一天在"初吉"期內，則省稱爲"初吉庚×"。本銘因正月的第一個庚日已在"初吉"後，故祗能稱"吉日初庚"。蔡侯墓出土的吳王光鑒銘文"既字白期，吉日初庚"可證。

---

①　詳見浙江省文物管理委員會等《紹興 306 號戰國墓發掘簡報》，《文物》1984 年 1 期。

賑尹

賑尹爲職官名。"賑"字原篆器蓋作 🔣、肩部作 🔣。"殷"字，三體石經古文作 🔣；長沙出土的戰國楚帛書作 🔣；戰國貨幣銘文作 🔣[1]，與本銘"賑"字右半構形極近。"尹"字寫法同於韶尹鉦和者旨型盧（爐）盤[2]，兩器亦爲徐器。以尹名官，由來已久。《書·皋陶謨》即有"庶尹允諧"之語；甲骨文有"伊尹"、"黃尹"；西周金文有"尹氏"、"作册尹"；楚器有"令尹"、"集尹"，"斁尹"等，已發現的徐器也有"令尹"、"韶尹"等名。令尹之名，曾見於《左傳》等書，其他名稱並不見諸文獻。春秋戰國時期，社會巨變，官制名目紛繁，所謂"自周衰，官失而職亂，戰國並爭，各變異。"[3] "賑尹"一職，無法詳考。

黌

黌，人名，原篆作"🔣"。"卢"字偏旁嬰次盧作"🔣"[4]，韶尹鉦作"🔣"，與此字上部所

圖一

從相近，故隸定爲"黌"。古文字從"口"從"曰"往往可通，所以此字即

---

① 朱德熙、裘錫圭《平山中山王墓銅器銘文的初步研究》，《文物》1979 年 1 期。

② 博燁、白堅《江西靖安出土春秋徐國銅器》，《文物》1980 年 8 期。

③ 《漢書·百官公卿表》。

④ 《金文編》卷五·二〇。

圖二

《説文》之"轡"，讀若"懋"。

　　湯鼎

　　金文有"湯鐘"（多友鼎）[1]，湯字用法與此同。湯讀爲"鐋"，《説文》謂"金之美者，與玉同色。"此湯字金文或作"錫"，如"錫戈"（逆鐘）、"錫鐘"（師𤲃簋）等。于省吾先生指出："錫系良銅，以良銅鑄鐘，故稱之爲錫鐘。"[2]以良銅鑄鼎，則稱爲"湯鼎"。

　　丩湆涂俗

　　"丩"之本義爲糾繚，此處讀爲"糾"，訓爲"正"。《周禮·大司馬》："以糾邦國"。注："猶正也"。湆，器蓋作"𗀀"，肩部作"𗀁"，疑爲"律"字或體，訓爲約束。"涂"通"塗"，塗地得名可能與塗山有關。

　　以知㤅諈

　　知，金文初見。㤅，《説文》謂："憂也"。《説文》"㤅"字與心部之"恤"字音義俱同，"古書多用㤅字，後人多改爲恤。"（段玉裁注）諈，當爲"辱"之繁構，《説文》："辱，恥也。"又，"恥，辱也。"《禮記·曲禮上》："孝子不服暗，不登危，懼辱親也。"

　　壽躳𤔲子

　　躳，《説文》作躬，云："身也"；又，"身，躳也。"按從古文字偏旁分析，躳字應是从身、呂聲的形聲字，宮、𨿸（雝）等字即以"呂"爲聲符。《説文》躳字从"呂"，實誤。𤔲，器蓋作"𤔲"，肩部作"𤔲"，與長沙出土的楚帛書"𤔲"字形體較爲相近。《説文》："𤔲，乳也"；《廣雅·釋親》："𤔲，子也。""𤔲子"一詞，亦見於《集古録》所著録的一件盉，銘曰："伯玉𤔲子作寶盉"，用作人名。本銘"𤔲子"與墙盤"竈毓子孫"義同。

　　（二）爐（圖三）

　　　　郐（徐）王之

　　　　賓（?）□𤤫

　　　　之少（小）炙胃（爐）。

---

① 《人文雜志》1981 年 4 期。

② 于省吾《讀金文劄記五則》，《考古》1966 年 2 期。

□玑

□玑，人名。

少炙胃

少，古與"小"通。典籍中稱夫人爲"小君"，亦作"少君"（見《左傳》定公十四年、十五年），即其證。古文字中例子亦甚多，不詳舉。

炙，原作"煣"，上從兩肉，古文字偏旁往往單雙無別，如"敗"字南疆鉦作"歚"，"敬"字攻敔王光戈作"歚"，即是其例①。炙，本是烹飪法的一種，義同"烤"。《詩·小雅·瓠葉》："有兔斯首，燔之炙之。"其引申意爲熏、灼。

圖三

"爐"字金文作"膚"或"鏞"，此銘作"胃"，省去"虍"旁，甚罕見。"小炙爐"，似指小型的熏爐，疑作香熏之用。

（三）罍（圖四）

口沿外壁有一周銘文，約十一二字，因有殘損，無法通讀，待考。

二

徐國本是淮水流域的一個大國，史書上稱之爲"徐戎"，其故地在今江蘇省泗水一帶。由於周人的壓迫，徐人逐漸南移。

清光緒十四年（公元 1888 年），在江西高安縣西 22.5 公里的清泉市旁山中，曾出土帶有"徐王義楚"銘文的銅鍴。1979 年，又在與高安毗鄰的靖安縣出土徐王義楚盤和徐令尹者旨型爐盤②。徐王義楚即《左傳》昭公六年"徐儀楚聘於楚"的儀楚，這表明春秋時期徐人已經進入江西境内。郭沫若先生曾推測："蓋古之吳越，其地望似與春秋中葉以後有別，……又徐人乃由山東、江蘇、安徽接境處被周人壓迫而南下，且入於江西北部者，則春秋初年

---

① 《金文編》卷三·三五；卷三·三六。

② 博燁、白堅《江西靖安出土春秋徐國銅器》，《文物》1980 年 8 期。

圖四

之江浙殆猶徐土者，亦未可知也。"① 此説頗有見地，現在浙江境内出土徐器，證實他的推斷正確。

　　徐人勢力深入浙江境内，在地方志上也有反映，浙江各地有許多與徐偃王有關的遺迹。如嘉興徐偃王廟、徐偃王墓（《至元嘉禾志》），鄞縣徐偃王宅（《成化四明郡志》），黄巖徐偃王古城（《輿地紀勝》），龍游徐偃王祠（《明一統志》）等。雖然徐偃王本人不大可能敗逃到會稽，但是地方志的一些記載還

---

①　郭沫若《殷周青銅器銘文研究·雜説林鐘、句鑃、鉦、鐸》。

是從一個側面反映了徐人勢力進入浙江的情況①。

鼎銘提到"塗俗"，"俗"字作風俗解，金文不多見。塗俗應指塗山地方的風俗。考塗山共有四處：一在紹興（《越絕書》、《吳越春秋》），二在安徽淮南（《左傳》哀公七年杜注），三在安徽當塗（《史記·夏本紀》索隱），四在四川重慶（《華陽國志·巴志》）。雖然諸說不一，但是都與大禹的傳說相聯繫。我們認爲，《吳越春秋》和《越絕書》的成書時代較早；傳說大禹歸葬紹興，今紹興仍存有"禹陵"；這次紹興出土的銅器銘文中又有"塗俗"的記載，塗山應在紹興。

很有可能，塗山氏的分佈範圍在今長江下游一帶，本是當地的土著民族，歷史上曾與夏民族有過婚姻血緣上的聯繫，所以當地有關於大禹的傳說。

最後，談談這批銅器的製造地問題。鼎銘中提到"余敢敬盟祀，糾津塗俗"，這完全是入主者的口吻。如果說這是徐人在自己的故土製造的，他們不大可能稱自己民族的風俗習慣爲"塗俗"。試比較一下秦始皇會稽刻石中的"遂登會稽，宣省習俗"語②，不難發現，兩者的口氣有相似之處。

這批銅器有相同的時代特徵，三件鼎的腹部主體紋飾一致，應該是同時同地所造；其中兩件銅器標明是徐器。如果說這是幾經輾轉的越人戰利品，同組器物保持如此完整，這是難以想象的。

銅房屋模型中的樂俑有的髮髻應是本地髮式，吳興出土的青銅跪坐俑鐓可以佐證，鐓上跪坐俑的髮髻與此完全相同③。這種髮髻形式也見於雲南晉寧滇王墓出土的銅貯貝器上的人像④，是古越族的髮式。

因此，我們認爲這批銅器是春秋前期越國建國以前，徐人勢力進入浙江之後在當地製造的。

附記：本文在撰寫過程中，得到沙孟海先生、牟永抗先生的大力幫助，謹誌謝忱。

（原載《文物》1984 年 1 期）

---

①　曹錦炎《越王姓氏新考》，《中華文史論叢》1983 年 3 期。

②　《史記·秦始皇本紀》。

③　"文博簡訊"，《文物》1972 年 3 期。

④　雲南省博物館《晉寧石寨山出土有關奴隸社會的文物》，《文物》1959 年 5 期。

北山銅器新考

　　《東南文化》1988 年 3、4 期合刊發表了《江蘇丹徒北山頂春秋墓發掘報告》(以下簡稱《報告》)，同期又刊出張敏、周曉陸兩位先生的研究文章：《吳王餘眛墓的發現及其意義》、《北山四器考》(以下簡稱《四器考》)，讀後得益匪淺，頗受啓發。但遺憾的是從《報告》公佈的銘文看，我們似無法得出此墓是吳王餘眛墓的結論，所謂"尸祭缶"亦非吳國銅器。今以管見所及，從銅器銘文考釋的角度，提出不同看法，以就正於原作者和讀者。

一

　　先討論 4 器銘文。

　　(一) 缶蓋
　　銘文 31 字，隸定如次 (圖一)：

　　　郐 (徐) 頔君之孫利之元子次□，　　　　　　　　　【內圈】
　　　擇其吉金，自乍 (作) 卅 (盥) 缶。臂 (眉) 壽無冀 (期)，
　　子= (子子) 孫= (孫孫)，　　　　　　　　　　　　　　【中圈】
　　　羕 (永) 保用之。　　　　　　　　　　　　　　　　　【外圈】

　　"徐"字作"郐"，拓片甚清楚。頔，《說文》不收，《玉篇》云："頔，勤也。"《廣韻》注"呼漏切"，《集韻》注"許候切"，是一個從"句"得聲的形聲字。缶銘"頔"讀爲"駒"，"頔"、"駒"均從"句"得聲，故可相通。"徐駒君"即典籍中的徐駒王，《禮記·檀弓》載："邾婁考公之喪，徐君使容居來

圖一

吊含，……容居對曰：‘……昔我先君駒王西討，濟於河。’”是徐之先君有駒
王，即本銘之頌君。《後漢書·東夷列傳》謂："後徐夷僭號，乃率九夷以伐宗
周，西至河上。穆王畏其方熾，乃分東方諸侯，命徐偃王主之。"則徐駒王也
就是古史上有名的以行仁義而喪其國的徐偃王。缶蓋銘文，證實了《禮記》
的記載，彌足珍貴。

　　"利"作"𥝢"，見於利鼎。利簋作"𥝢"，𣪘鐘銘文"三壽唯利"之
"利"作"𥝢"①，從工，構形均相同，不能會義爲"剩"。況且古文字"乘"

　　①　見容庚《金文編》（新版），中華書局，1985 年。

作"𡘹"、"𣏟"①，象人（大爲正面人形）乘於木之上。兩者構形有別，不能混爲一談。"次"後一字因被鏟刮，無法辨認。

春秋時期，王孫貴族之子孫鑄器，往往在銘文中自報家世，自稱"某某之孫某某"，或"某某之子某某"，或"某某之孫某某之子某某"，這種風氣一直延續到戰國初期。本銘稱"徐駒君之孫利之元子次□"云云，也未免這種俗套。自報家世、炫耀門閥的目的，歸根結蒂在於炫耀自己②。

缶銘的釋讀順序，並不困難。從"徐"字起首由内向外，按順時針方向旋讀。類似的銘文佈局，也見於河北滿城中山靖王墓出土的鳥篆銅壺，後者分別以頸銘、肩銘、腹銘組成内、中、外三圈銘文帶。古代銘刻雖然沒有標點符號，但如何讀它，却不是毫無規律可尋的。環形銘文雖較難辨，但一般都有點畫鼻紐之類作爲起讀標誌。上舉中山靖王墓出土的銅壺，其蓋銘即以龍首蓋紐作爲起讀標誌③。回過頭來再看本器，每圈銘文的開頭，恰在蓋紐處，這不能説是一種偶然的巧合。同樣，以國名爲起首的銘文格式，在青銅器銘文中亦有例可循。

（二）遱邥編鐘

編鐘一套 12 件，銘文相同，行款則有差異，茲據刊佈拓片的 4 號鎛鐘的行款隸定（圖二）：

唯王正月初吉丁亥，舍（舍）王之孫
尋楚赦之子
遱邥，擇乓（厥）
吉金，乍（作）
鑄龢鐘，台（以）亯（享）于我
先祖。余鏞鏐是擇，
允唯吉
金，乍（作）鑄［龢］鐘。我

---

① 可參看高明《古文字類編》第 274 頁，中華書局，1980 年。
② 張振林《關於兩件吳越寶劍銘文的釋讀問題》，《中國語文研究》第七期，香港中文大學，1985 年。
③ 張振林《中山靖王鳥篆壺銘之韻讀》，《古文字研究》第一輯，中華書局，1979 年。

圖二

台（以）顯（夏）台（以）南，中
鳴媞好。我台（以）樂我心，它＝（它它）巳＝（巳巳）。子＝（子
子）孫＝（孫孫），羕（永）保用之。

"舍"字金文習見，不能看作是"余"字或體。本銘自有"余"字，並不
從"口"。"舍"與"徐"，從古音上講，確有通假的可能，但青銅器銘文中，
徐國之"徐"寫作"郐"，從不例外，這種寫法甚至還保留在《說文》中。因
此，不能將"舍"字逕改為"徐"。舍字從"ㅂ"（口）不從"囗"（讀如
"圍"），與邦國城邑義有關的或、邑、鄙、衛等字，所從的才是"囗"。《四器
考》所列舉的商、周、唐、吳等字，古文字均從"ㅂ"，宮則從"吕"，無一
從"囗"。直到隸書時，"口"與"囗"才相溷。故不能以隸楷來立言。所以，
舍字之從口，絕不是邑之省體。本銘之"舍"，當為舒國之"舒"的本字。春
秋戰國時期，常常把用作國名、地名、姓氏的文字加注"邑"旁，造成專用
字。如寺作邿，曹作鄵，呂作郘，左作郘，梁作鄭，魯作鄪等，其例甚多，

不勝枚舉①。尤以戰國文字爲甚。這是古文字發展變化中的一條規律。《四器考》認爲這是邑旁失卻或轉換的結果，恐不確。秦統一文字後，這些大量的專用字除個別保留外，幾乎被掃除殆盡，鐘銘稱"舍王"，"舍"顯然是國名，例可加注邑旁作"鄐"。值得指出的是，《玉篇》還保留著"鄐"字，卷二邑部"鄐"字條下引僖公三年《春秋經》作"徐人取鄐"，今本則作"徐人取舒"。毫無疑問，"鄐"就是"舒"，此可謂"一字千金"。可見，舒國之舒本作"舍"，後加注邑旁作"鄐"，後世則以同音字"舒"通假，久借不歸，遂使"舒"行而"鄐"廢。

"尋"字之釋，唐蘭先生在《天壤閣甲骨文存》中考證甚詳，已成定論。齊侯鎛的古地名"鄩"，即姒姓尋國，已由山東臨朐近年新出土的尋國銅器所證實②。《四器考》把此字理解成"爲雙手推一物，亦應爲移"，隸定成"剢"，再讀爲"義"，與楚字連讀，即謂是"徐王義楚"。這個看法，筆者不敢苟同。退一步講，即使我們不承認唐蘭的說法，那麼"雙手推一物"也可會意成"推"、"抵"、"撐"等字，而並不一定偏要坐實"移"字。《說文》謂："多，重也，從重夕。"從古文字看，多字應從二肉會意。而"𥝋"字左旁從雙手，更本不從肉，無法隸定成"剢"，把甲骨文的"𥝎"釋爲"移"，應該說根據不太充足。

尋楚歔，人名，係鑄器者遱郘之父。令人玩味的是，尋楚歔、遱郘的名字，均是用國名構成。很可能這是出於當時因政治需要聯姻的結果，這對研究春秋時期國與國之間的關係，有一定的幫助。對編鐘銘文的考證，詳另文③。此不贅述。

(三) 鼎蓋
蓋銘凡 47 字 (圖三)，隸定如次：

唯正月初吉丁亥
甫 (鋪) 遱時，甚六之
妻夫趹叴 (壽)，擇乓 (厥)

---

① 羅福頤《古璽文編》(中華書局，1981 年) 收錄這類專用字甚多，可以參看。
② 臨朐縣文化館等《山東臨朐發現齊、鄩、曾諸國銅器》，《文物》1983 年 12 期。
③ 曹錦炎《遱郘編鐘銘文考釋》，《文物》(待刊)。

圖三

吉金，乍（作）鑄飤鼎。

余台（以）鑄台（以）鬻，台（以）

伐四方，台（以）從攻（攻）盧王。

枼（世）萬子孫，羕（永）寶用鬻。

　　"甫"讀爲"餔"，餔字從"甫"得聲，故可相通。"餔遞時"爲時稱名，當即典籍中的"餔時"。《淮南子·天文篇》記述太陽行程，列舉的十五個時稱中，"餔時"爲其中之一。《史記·吕后本紀》："八月庚申，……日餔時，遂擊産"；《漢書·五行志》："征和四年八月辛酉晦，……餔時食"，即其例。出土的漢簡中也有"餔時"，見《居延漢簡甲乙編》。餔字又作"晡"，《史記·天官書》："昳至餔爲黍，餔至下餔爲菽"，《漢書·律曆志》所引均作"晡"可證。《漢書·昌邑王傳》："晡時至定陶"，是其例。《莊子·盜跖》："我將以子肝益餔之膳"，釋文引《字林》曰："餔，日申時食也。"《説文》："餔，日加申時食也。"可見餔時相當於申時,《吳越春秋》有云:"今日甲子,時加於巳"、"今十二月己巳之日,時加禺(隅)中"、"今三月甲辰,時加日昳",這種以干支日加時,即古人所謂的"加時"。王充在《論衡·詰術篇》中曾指出:"五行之家,數日亦當以甲乙,甲乙有支干,支干有加時。支干、加時,專比者吉,相賊者凶。"可見十二支加時,不但爲曆家所用,也爲占家所用[①]。古人比較講究迷信,鑄銅器常擇以吉日,尤以"正月丁亥"居多。鼎銘以正月丁亥日配加"餔遞時",爲鑄器的吉日良辰,正是這種習俗的反映。銘文中出現時稱,在青銅器中尚屬首見。

夫趴壽,甚六(即鐘銘之遷邵)之妻的名字。鼎銘中的妻、趴、從等字,從拓本看不難辨認,毋庸多言。

(四)矛

二行八字,拓本不現。從《報告》刊佈的摹本來看,首字釋爲"餘眛"合文是欠妥的。另一方面,倘確爲吳器的話,不可能不冠以國名,這是顯而易見的。至於《四器考》提出的另一種讀法,銅器銘文中無此先例,尚缺乏説服力。

矛銘所缺之字,有可能是"戎"。"戎工"一詞,金文多見,本指兵事,這裏殆指兵器。

附帶指出的是,《四器考》在考證銘文中的人名、國名時,幾乎都用古音通轉。應該説,利用古音知識來考識古文字,是一條可取的途徑,但其必須是在對字形偏旁作出正確分析這個前提下進行的。離開了這點去講通轉,所得出的結論是很難令人信服的。

二

下面討論墓主的國別及相關問題。

《報告》判斷爲吳王餘眛墓的主要依據,是該墓出土的銅器銘文。根據上面的論述,所謂尸祭缶,實際上是徐器,鼎與編鐘是舒器,矛可暫置不論。因此,對於墓主的國別,仍有討論的必要。

---

① 參看陳夢家《漢簡綴述》,中華書局,1980 年。

鼎銘云："以伐四方，以從攻虘王。"銘文是倒裝句，意謂跟從吳王，征伐四方。透過銘文，委婉地表露出鑄器者的附庸曲從地位。聯繫銅器的出土地點，很顯然鑄器者當時已居住在吳地。據鐘銘，鑄器者的丈夫甚六本是舒國的王族子弟。結合典籍考察，不難發現其入吳契機。

舒國，泛指散處在淮水之南、大江之北的群舒部落①，見於典籍的有舒蓼、舒鳩、舒庸、舒鮑、舒龍、舒龔等各部。僖公三年（公元前 657 年），徐人取舒後，遂奉徐爲宗國②。後來由於楚人勢力的東進，逐漸被滅。《左傳》中有幾條關於舒、吳、楚三者關係的記載，值得注意：

成公十七年（公元前 574 年）："舒庸人以楚師之敗也，道（導）吳人圍巢，伐駕，圍厘、虺，遂恃吳而不設備。楚公子橐師襲舒庸滅之。"

襄公二十四年（公元前 549 年）："吳人爲楚舟師之役故，召舒鳩人，舒鳩人叛楚。楚子師於荒浦，使沈尹壽與師祁犁讓之。舒鳩子敬逆二子，而告無之，且請受盟。"

襄公二十五年（公元前 548 年）："舒鳩人卒叛。楚令尹子木伐之，及離城，吳人救之，……簡師會之，吳人大敗。遂圍舒鳩，舒鳩潰。八月，楚滅舒鳩。"

舒人是由於幫助吳國反對楚國，才被楚所滅。滅國後的個別舒國舊貴族，過江逃入吳境，被吳收留安置，是符合情理的。丹徒一帶，春秋時爲吳的朱方邑，據《左傳》襄公二十八年（公元前 545 年）記載，齊國的慶封也因出逃至吳，被安置在朱方。可見並非是沒有先例的。如此推測不誤的話，那麼北山頂的春秋墓，就不是吳墓，而應該是舒人之墓，墓主很可能就是甚六的妻子③，雖然其地是屬於吳國的。

關於墓葬的時代，《報告》定爲春秋晚期是正確的，出土的青銅器的造型和紋飾具有這個時期的明顯特徵。從銘文的角度，還可以補充一條證據。我們曾經根據青銅器銘文，對吳國的國名演化關係作過排比研究，指出吳國的

---

① 高士奇《春秋地名考》。

② 由此也可以解釋徐器出於舒墓的原因。

③ 從鼎銘結合鐘銘考察，甚六也許早已去世。鼎銘云跟從吳王、征伐四方，顯然甚六之妻是位女將，故墓中出有兵器。當然，也不能排除墓主是其後代的可能性。

國名，在諸樊及其以前作"工獻"，闔廬時作"攻敔"或"攻吳"，最後省稱為"吳"。諸樊到闔廬時，正值由"工"至"攻"、"獻"至"敔"的轉變時期①。鼎銘雖是他國之稱，但是在居住於吳地時所鑄之器，不可能不受吳地用字習慣的影響。因此，鼎銘作"攻盧"，正表示其屬於這個轉變期。換言之，也就是說鑄鼎的時間可以定在諸樊到闔廬之際。墓葬時間，則應稍晚。這和《報告》所推斷的時間，正相吻合。

最後，想對墓葬早年被盜的原因作點推測。據《報告》說："墓葬早年被盜，盜墓當在填土之後，封土之前。從封土中不見一點春秋以後的遺物來看，盜墓的時間應與埋葬的時間相去不遠。"《報告》的推斷是可取的。《左傳》中有這樣一條記載，昭公四年（公元前 538 年）："秋七月，楚子以諸侯伐吳。……使屈申圍朱方，八月甲申，克之。執齊慶封而盡滅其族。……冬，吳伐楚，入棘、櫟、麻，以報朱方之役。"看來楚人是年曾短時間佔領過丹徒一帶，值其時出於報復目的而毀舒墓，並不是不可能。不久，吳人收復失地。覆以封土，亦合情理。時間上與前述也能銜接。若此點能成立的話，那麼墓葬的下限可卡在公元前 538 年。

徐淮文化對吳越文化的影響，是個值得重視的研究課題。寧鎮地區正處於這兩支文化交鋒的前沿，具有舉足輕重的地位。我們相信，隨著考古工作的深入開展，這個地區必將會有更新更重要的發現。

（原載《東南文化》1988 年 6 期）

---

① 曹錦炎《吳越青銅器銘文述編》，《古文字研究》紀念于省吾先生專輯；《配兒句鑃銘文與吳國國名問題》，《古文字研究》（待刊）。

達邟編鐘銘文釋議

1984 年，江蘇省文物考古部門的同志，在丹徒縣大港背山頂，發掘了一座春秋時期的土墩墓，隨葬品中，以一組有銘編鐘最引人矚目。承江蘇省吳文化研究會的厚意，使我於當年 11 月先睹爲快。編鐘的出土，在徐淮系青銅器的研究上頗有意義，下面試加討論。

一

編鐘共有 7 件，每件均鑄有相同的銘文，僅分行略有不同，今選 3 號鐘銘文按原有格式隸定如次（圖一）：

唯王正月初吉丁亥，舍（舍）王之孫尋
楚獃之子達
邟，擇旡（厥）吉金，
乍（作）鑄龢
鐘，台（以）言（享）于我先祖。余
鏽鏐是擇，允唯
吉金，乍（作）鑄
龢鐘。我台（以）顥（夏）
台（以）南，中鳴媞好。
我台（以）樂我心，它＝（它它）巳＝（巳巳）。子＝（子子）孫＝
（孫孫），羕（永）保用之。

舍，讀爲"舒"。《說文》："舒，伸也，从予，舍聲。"（此依段注）舍，

圖一

《説文》謂"从亼屮口"（依段注），實誤，從古文字看，"舍"字構形均作"舍"①，毫無例外。因此，"舍"字當是："从余从口，余亦聲。""舒"字从"舍"得聲，故"舍"、"舒"可通，《楚辭·懷沙》"舒憂娛哀"，《史記·屈原傳》引作"舍憂娛哀"，是其證。《左傳》襄公八年鄭公孫舍之，字子展，古人名字相因，"舍之"即"舒之"，此亦是"舍"、"舒"互通之例。因此，"舍王"即舒王，指春秋時期舒國之君。需要指出的是，從古文字常識來説，凡是從"邑"之字，均係春秋前後孳乳的新字，如曹、朱、弗、呂、若等字，以爲國邑，則作鄪、邾、郍、郘、都等②。我們推測，舒國之舒可能本作"舍"，春秋時期或加邑旁作"郐"③，作"舒"則爲後起的同音假借字。《春

---

① 高明《古文字類編》"舍"字條。中華書局，1980年。
② 高明《古文字類編》邑部。中華書局，1980年。
③ 《説文》有郐字，云："地名，从邑，舍聲。"不知其爲舒國之舒的本字。

秋》僖公三年"徐人取舒",《玉篇》卷二邑部引作"徐人取鄁",正可證明我們的看法。

尋楚敔,人名。根據銘文可知其爲舒王的孫輩。"尋"字與山東臨朐新出的尋仲盤、匜①的"尋"字相比,增加了"口"旁,更爲接近小篆的構形,由此可證唐蘭釋齊侯鎛之"鄁"字爲確②。

遾邚,人名,尋楚敔之子,作器者。"遾"字不見於字書,分析其結構應該是一個從"辵"、"墓"聲的字,可隸定爲"遨"或"迀",因爲從古音上來說,"甚"與"壬"均爲舌音,作爲聲符可以相通③。

龢,銅器銘文中常形容鐘音的和諧。玄應《一切經音義》卷六引《説文》云:"音樂和調也",所訓正同。

鐠鐐,兩種冶銅原料(或説指含錫比例不同的青銅塊料),亦即上句中的"吉金"。

以夏以南,見《詩經·鼓鐘》篇,詳下文。

媞,金文初見。《説文》謂"諦也",《廣雅》訓爲"安",均非本銘之義,此處當讀爲"寔"。寔,經傳常以"實"字借之,《易·即濟》九五"實受其福",《禮記·坊記》"實"作"寔";《詩·韓奕》"實墉實壑,實畝實籍",鄭《箋》:"當作寔,趙魏之東實、寔同聲。"均是其例。形容鐘鳴之美,金文習稱"中翰叡鍚"或"中鞾叡鍚",如王孫鐘、沇兒鐘等④,本銘作"中鳴媞好",實爲首見。

"它它",重言形況字。《詩·巧言》"蛇蛇碩言","蛇蛇"即"它它"的同音通假字。"巳巳",讀爲"熙熙",亦爲重言形況字。《左傳》襄公二十九年"廣哉熙熙",注:"熙熙,和樂聲。"《荀子·儒效》"熙熙兮,其樂人之臧也",注:"和樂之貌"。

二

出土文物中,明確標明屬於舒國的,丹徒出土的遾邚編鐘乃是第一次。

---

① 臨朐縣文化館等《山東臨朐發現齊、鄁、曾諸國銅器》,《文物》1983 年 12 期。
② 唐蘭《天壤閣甲骨文存》42 片甲。
③ 若從韻部考慮,"甚"爲侵部字,"壬"爲耕部字,兩者尚有一定的距離。
④ 郭沫若《兩周金文辭大系》圖 231、239。

　　據前人考證，在今安徽省舒城、廬江一帶，春秋時期是群舒之地。見於《左傳》的有舒蓼、舒鳩、舒庸和宗國。另據《左傳》文公十二年孔《疏》引《世本》，還有舒龍、舒鮑和舒龔等。這些小國的疆域，很難一一指定。春秋中葉，這些小國逐次被楚所滅，《左傳》文公十二年"群舒叛楚，夏，（楚）子孔執舒子平及宗子，遂圍巢"①；文公十四年"（楚）伐舒蓼"；宣公八年"楚為群舒叛故，伐舒蓼，滅之，楚子疆之"。可見到公元前601年，楚已入據群舒之地②。

　　考古發掘中，從地理位置來判斷，屬於群舒的有1959年在安徽舒城鳳凰嘴發現的墓葬③，以及1980年在舒城九里墩發現的一座大墓④。前者出土青銅器10餘件，有的與中原地區同類器頗相似，但無銘文；後者出土青銅器達170多件，最重要的是一件龍虎形裝飾的鼓座，有銘文150餘字。發掘者定其為舒國銅器，主要的理由就是根據銘文首句的"余"字。但是，該鼓座銘文首句為"唯正月初吉庚午，余□□之玄孫□□公□"，這裏的"余"字祇能是第一人稱。"余某某之孫某某之子"的銘文格式，常見於春秋至戰國時代的青銅器，這是作器者為了擡高自己而自報家世、炫耀門第⑤。因此這裏把"余"字讀作"舒"而作為國名，顯然是欠妥的，儘管從地望上來考慮上述兩處青銅器也有可能是舒國器。

　　附帶指出的是，前人或謂徐、舒同字⑥，然《左傳》僖公三年經明言"徐人取舒"，顯然為兩國無疑。現在出土了舒國銅器，"舒"字作"舍"，而徐國之"徐"金文作"郐"，從古文字角度上也證實了兩字之不同。羅泌《路史》以為徐、舒、江、黃俱屬嬴姓，此說不確。據《世本》及《通志·氏族略》等書載，舒為偃姓，皋陶之後，並非嬴姓。或以嬴、偃二姓音近可通，王力先生的《漢語史稿》駁之甚詳，此不贅述。

　　作器者名"蓬邡"，其父名"尋楚歔"。邡、尋、楚、歔均為國名，父子兩人的名字都用國名組成，實在是耐人尋味。

---

① 《水經注》"沔水"條謂："巢，群舒國也。"則巢也為群舒之一，地在今安徽省巢縣東北。
② 《左傳》定公二年載，吳使舒鳩誘楚。知當時群舒尚有殘餘。
③ 安徽省文物局文物工作隊《安徽舒城出土的銅器》，《考古》1964年10期。
④ 安徽省文物工作隊《安徽舒城九里墩春秋墓》，《考古學報》1982年2期。
⑤ 參見張振林《關於兩件吳越寶劍銘文的釋讀問題》，《中國語文研究》（香港）第七期。
⑥ 如吳闓生《吉金文錄·自序》、徐旭生《中國古史的傳說時代》第四章，李白鳳《東夷雜考》等文。

邷，即六國，偃姓，文公五年（公元前 622 年）被楚所滅，故地在今安徽省六合縣。尋，姒姓國，夏之後，其地理方位據研究可能先在河南，後遷山東①。楚，芈姓，南方大國。䰥，即文獻中歸姓的胡國②，地在今安徽阜陽，定公十五年（公元前 495 年）滅於楚。遝很可能也是國名，或許即是"斟"之異構（據《史記·夏本記》《集解》，斟尋氏一作斟氏、尋氏）。

人之取名，往往有一定的含意，古今同理。先秦時代，各國之間爲了某種利害關係或需要，往往通過聯姻的方式來結成甥舅之國，特別是弱小國家，更是如此。鐘銘中記載的器主及其父親的名字，均用國名組成，正是當時這種社會生活的反映。這對研究春秋時期國與國之間的關係以及婚姻制度③，特別是對所謂"蠻夷之國"間的關係，是一份很好的資料。

三

銘文中引用《詩經》里的一句詩，頗有意義。
《小雅·鼓鐘》的最後一章説：

鼓鐘欽欽，鼓瑟鼓琴，笙磬同音。以雅以南，以籥不僭。

對詩中涉及的"雅"、"南"的理解，一直是個有爭議的問題。《毛詩大序》："雅者，正也；言王政所由興廢也。"鄭玄《箋》認爲"雅"乃"周樂"；程大昌《考古編》則謂："蓋'南''雅''頌'，樂名也，若今樂曲之在某宮者"，又以爲是樂名。近人或以"南"爲樂詩④，或以"南"爲樂器⑤，或以"雅"爲"烏烏之聲"説⑥ 等等，莫衷一是。

很清楚，要解決這個問題，關鍵在於對"雅"字的正確釋讀。丹徒新出的編鐘銘文，爲我們指明了途徑。

---

① 孫敬明等《山東臨朐新出銅器銘文考釋及有關問題》，《文物》1983 年 12 期。
② 李學勤《從新出青銅器看長江下游文化的發展》，《文物》1980 年 8 期。
③ 古人同姓不婚，西周時甚嚴，但到了春秋時期似乎也有例外，如《左傳》哀公十二年記魯昭公娶吳女爲夫人，同爲姬姓。所以，六與舒雖爲同姓，亦不足爲奇。
④ 劉節《古史考存·周南召南考》。
⑤ 郭沫若《甲骨文字研究·釋南》。
⑥ 章太炎《太炎文錄初編·大丕小丕説》。

编鐘銘文引《詩》作"以夏以南"，顯然今本作"雅"乃是"夏"字的同音假借。夏者，華夏之稱；南者，南土之謂，這才是確詁。"以夏以南"，按照《毛詩》的説法，就是"用雅用南"，也就是説用的是華夏和南土的音樂。根據《毛詩》及鄭《箋》，《鼓鐘》這一首詩是諷刺周幽王"會諸侯于淮上，鼓其淫樂，以樂諸侯"。淮上正處在中原國家和南方邦國的會沖處，周王用南北兩地的音樂來"以樂諸侯"，皆大歡喜，正合情理，與銘文若合符節。

其實，"雅"與"夏"相通，早見之於先秦典籍。如《荀子·榮辱》"越人安越，楚人安楚，君子安雅"，而《儒效》則作"居楚而楚，居越而越，居夏而夏。"又如《墨子·天志》："於先王之書，大夏之道之然：'帝謂文王：予懷明德，毋大聲以色，毋長夏以革，不識不知，順帝之則。'"所引之詩，即《大雅·皇矣》。

應當指出的是，説"雅"即"夏"，前人早已論及，如劉台拱[1]、梁啓超[2]等人。但梁説以爲"雅"詩之得名，是由於其爲"中原正聲"，仍未達一間。孫作雲曾力主"雅"爲"夏"之説，他指出："《小雅·鼓鐘》篇所説的'以雅以南'，也就是'以夏以南'，這個'雅'字也指夏，在此指周樂。"[3] 編鐘的出土，證實了孫先生的看法是極其正確的。

(原載《文物》1989 年 4 期)

---

① 劉台拱《論語駢枝》。
② 梁啓超《飲冰室合集·釋四詩名義》。
③ 孫作雲《詩經與周代社會研究·説雅》。

程橋新出銅器考釋及相關問題

1988 年 1 月，在江蘇省六合縣西南的程橋發現了一批青銅器。經南京市博物館派員赴現場清理，係出於一座春秋晚期的土坑豎穴墓中，編號爲程橋三號墓①。在同一地點，於 1964 年和 1968 年曾先後發現過兩座墓葬（編號分別爲程橋一、二號墓）②，與這次發現的三號墓相距僅百米，出土的銅器時代接近，形制極其相似。簡報已作了很好的敘述。

新出銅器中，鑄有銘文的有盤、匜及瑚各一件。本文擬就這三器加以考釋，並對由此涉及的相關問題，展開討論。

一

（一）盤
銘文一行 10 字，原銘全部鑄反（圖一），今改正隸定於次：

工虘大叔舐（硆）甬（用）自乍（作）行盤。

工虘，吳國國名。吳國銅器國名或作"工㦷"、"攻敔"，均是同音通假字，宋國銅器作"句敔（敔）"③、典籍作"句吳"，是同樣道理。除了通假的

---

①　南京市博物館《江蘇六合程橋東周三號墓》，《東南文化》1991 年 1 期。
②　江蘇省文物管理委員會《江蘇六合程橋東周墓》，《考古》1965 年 3 期；《江蘇六合程橋二號東周墓》，《考古》1974 年 2 期。
③　宋公欒瑚，見《河南固始侯古堆一號墓發掘簡報》，《文物》1981 年 1 期。拓本見上海博物館編《商周青銅器銘文選》792 號，文物出版社，1987 年。

因素外，吳國國名的寫法還有時代早晚的關係①。

　　大叔，作器者的身份。按典籍稱大叔者甚多，僅《左傳》而言，就有"大叔帶"、"大叔段"、"大叔疾"、"大叔儀"、"大叔遺"、"大叔文子"、"大叔僖子"、"大叔懿子"等。"大叔"即"太叔"。《左傳》隱公元年："及莊公即位，爲之請制。……請京，使居之，謂之京城大叔。"《史記·鄭世家》云："莊公元年，封弟段於京，號太叔。"指的是同一件事，一作"大叔"，一作"太叔"，是其證。顧頡剛先生曾謂，古人用太字，本指其位列之在前，"周王有'太王'，所以示其爲稱王之首一王；周后有'太任'、'太姒'，所以示其爲首數王之配；周女有'太姬'，所以示其爲武王之首一女。共叔段封京，尚係一少年，而稱之曰'京城太叔'，以其爲鄭莊公之首一弟也。"② 銘文既稱"工虞大叔"，是作器者爲吳王之首弟。

　　硈，大叔之名。此字金文首出，右傍作"厉"，從重厂，應是"石"之異構。古文字偏旁有複贅之例，如敬作斅、敗作斂③，是其例。所以，"硈"即"硈"，也就是字書中的"硈"字（古文字偏旁往往左右無別）。《説文》："硈，石堅也，從石，吉聲。一曰突也。"《爾雅·釋言》："硈，鞏也。"硈即"結實"之結的本字，今俗作"結"。

　　甬，讀爲"用"。"用"字作"甬"，也見於近年湖北江陵出土的吳王夫差矛④。兩器同屬吳國，

圖一

①　詳拙文《北山銅器新考》，《東南文化》1988 年 6 期。
②　顧頡剛《太公望年壽》，載《史林雜識初編》，中華書局，1963 年。
③　容庚《金文編》（新版）第 220、219 頁，中華書局，1985 年。
④　《稀世文物"吳王夫差矛"在江陵出土》，《光明日報》1984 年 1 月 8 日。拓本見《江漢考古》1984 年 1 期封面。

所以用字習慣相同。

行盤，征行用盤。青銅器自銘爲"行"者，除了"行盤"外，尚有"行鼎"、"行匜"、"行瑚"、"行盨"、"行鐘"、"行戈"等名，或泛稱爲"行彝"、"行器"，主要用於征行。行器名稱的出現，始於春秋時期，下限可到戰國。行器的前身即爲"旅彝"，是由祭器分化而來，由專用的祭器漸移他用，最後才著重於"行"①。

（二）匜

銘文分列爲三行 24 字（圖二，補字按春秋時銅器銘文通例）：

　　　酈（羅）兒□〔曰：余〕吳王之侳（甥）
　　　子，臧（臧）公□□之子，睪（擇）毕（厥）
　　　吉金，自乍（作）盥鉆（匜）。

酈，國名，從"瞿"從"邑"，即羅國之羅的本字。《説文》："羅，以絲罟鳥也，從网，從維，古者芒氏初作羅。"《爾雅·釋器》："鳥罟謂之羅。"按甲骨文"羅"作　②，象以網捕鳥之形，許慎解爲"從网從維"，不符合造字本意。小篆作"羅"，當是"從糸（絲），瞿聲"，已從會意字演變爲形聲字（兼會意）。匜銘之"羅"作"酈"，是在"瞿"字上增加"邑"旁，正符合春秋戰國時國、邑地名字的構形規律。典籍羅國之羅均作"羅"，不如銘文於義爲長。

羅兒□，作器者。本銘的"兒"字有兩種讀法：如屬上讀，"羅兒"指身份，"□"爲人名，例如銅器銘文稱"琱（周）生（甥）"、"秦公"、"曾子"之類。同墓所出的盤銘稱"工盧大叔"也屬同例；如連下讀，則"兒□"爲人名。從金文通例來看，當以前一種讀法爲是。

侳，讀爲"甥"。西周金文的"甥"字均作"生"，如"琱（周）生"即"周甥"，典籍中人名常見"某甥"之稱③。"甥"，從"男"、"生"聲；"侳"，從"人"、"生"聲，兩字均從"生"得聲，"人"、"男"作爲義旁，意義相

---

① 參看黃盛璋《釋旅彝》，載《歷史地理與考古論叢》，齊魯書社，1982 年。
② 中國科學院考古研究所《甲骨文編》第 332 頁，中華書局，1965 年。
③ 林沄《琱生簋新釋》，《古文字研究》第三輯，中華書局，1980 年。

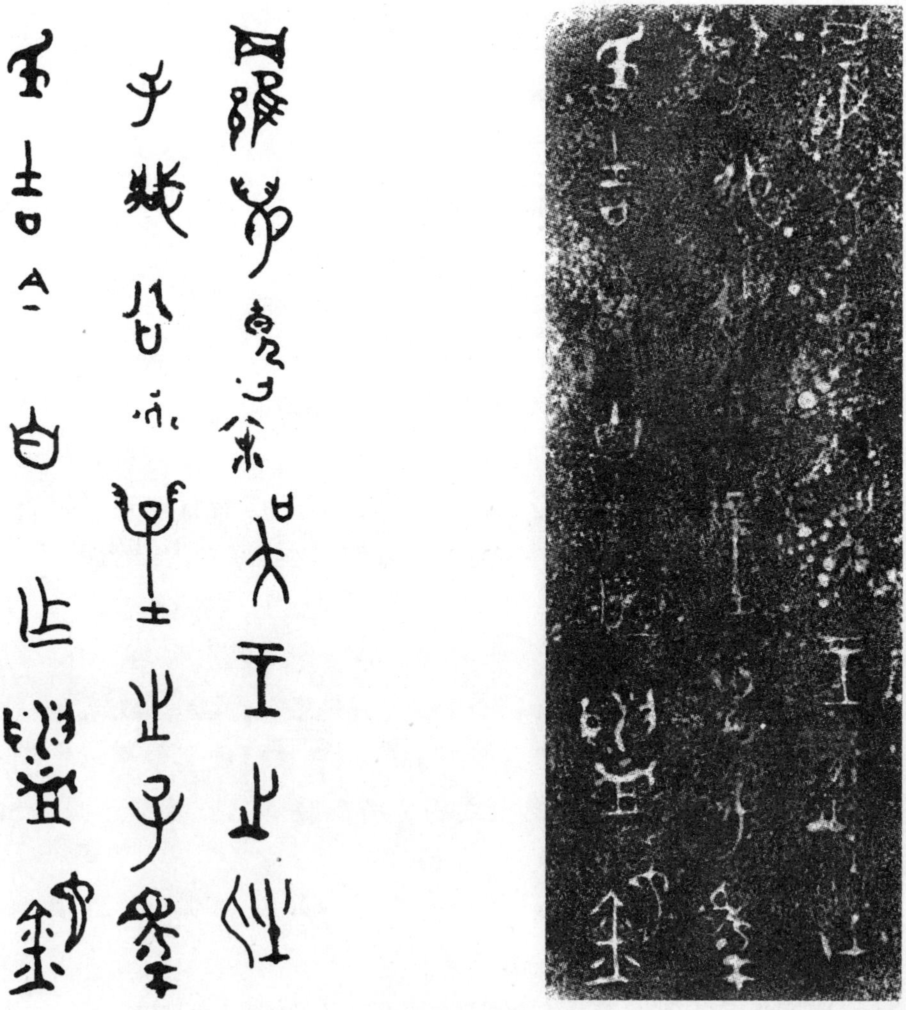

圖二

同，例可相通。金文中的“生”字舊僅見𪒠鎛①：“用旂（祈）壽老毋死，保盧（吾）兄弟；用求丂（考）命彌生，𪔻𪔻義政，保盧（吾）子生。”生，舊釋作“姓”，以爲“‘子生’即典籍中所謂子姓，子孫男女之共名也。”② 叵銘稱“吴王之生子”，若按舊釋“生”爲“姓”，則於文義難通；若讀“生”爲“甥”，則毫無扞格之處。回過頭來再看𪒠鎛銘文，讀爲“保吾子甥”，子、甥

① 《三代吉金文存》1·67。

② 傅斯年《性命古訓辨證》，載《傅孟真先生集》（中編）。

與兄弟均爲同義並列，顯然比讀爲“保吾子姓”要合理得多。可見“甥”字西周時作“生”，春秋時作“姓”，後世因“甥”行而“姓”廢。《説文》：“甥，謂我舅者，吾謂之甥，从男，生聲。”本《爾雅·釋親》文。然《釋親》“妻黨章”又云：“姑之子爲甥，舅之子爲甥，妻之昆（昆）弟爲甥，姊妹之夫爲甥。”則不可信，段玉裁已非之，詳《説文解字注》，此不贅述。《左傳》莊公六年：“楚文王伐申，過鄧。鄧祁侯曰：‘吾甥也’，止而享之。”杜預注：“姊妹之子曰甥”。銘文既稱“吳王之甥子”，則作器者乃是時王姊妹之子。“甥子”，即“甥”，猶如稱“侄”爲“侄子”[1]。

臧，即“臧”字之異體，見《金文編》。“公”下二字爲臧公名，惜已殘泐不清。

銘稱：“余吳王之甥子，臧公□□之子”，這是作器者在自報家世，炫耀門閥，標榜自己的貴族身份，也是春秋戰國時青銅器銘文的一個特點[2]。

鉈，即“匜”字，金文或作“也”、“盅”、“鑑”。本銘作“鉈”，从“金”旁。按青銅器名，金文常增“金”旁，如“鼎”作“鎬”，“盂”作“錳”，等等，其例甚多，詳見《金文編》，不備舉。匜是盥洗用具，故銘作“盥匜”，《左傳》僖公廿三年：“奉匜沃盥”，是其義。匜常和盤配套使用（青銅器銘文也有自稱“盥盤”者），典籍和出土文物均有反映。三號墓盤、匜各出一件，兩器雖非同組，却也是配套入殉，符合禮制。

（三）瑚
銘文三行 15 字，器、蓋對銘，其中器奪一字（圖三）：

曾子義行自
乍（作）飤匜（瑚），子孫
其永寶用之

---

① 唐蘭先生曾指出，銅器銘“智君子”應讀爲“智君之子”（《智君子鑒考》，載《輔仁學志》7卷 1、2 期）。若按唐説，則“甥子”似應讀爲“甥之子”。我們覺得“甥子”與“智君子”的情況不同，前者泛稱子一輩，“甥”、“子”是同義並列；後者專指某人之子，“智君”與“子”是從屬關係。所以，這裏不從唐説。

② 張振林《關於兩件吳越寶劍銘文的釋讀問題》，《中國語文研究》第七期（香港）。

圖三

　　曾，國名。"義行"，曾子之名。曾國銅器發現較多，據統計，已見著録
者除隨縣曾侯乙墓所出外，約有 40 餘件①。銘稱"曾子"者較爲多見，如曾
子諌鼎、甗，曾子尾鼎，曾子遇瑚，曾子斿鼎，曾子鼓瑚，曾子原彝瑚等。
按曾子之"子"，或以爲爵稱②，但從青銅器銘文來看，恐未必如此。湖北京
山出土的曾國銅器之中③，兩件鼎銘作"曾侯仲子斿父"，兩件鋪和兩件壺銘
則作"曾仲斿父"，鼎的作器時間是斿父的父親作曾侯時，鋪與壺的作器時間
則爲其兄作曾侯時④。據研究，這組銅器與上海博物館收藏的曾子斿鼎爲同一
人所作⑤。可見，"曾子斿"實即"曾侯仲子斿父"之省稱。所以我們認爲，

　①　曾昭岷、李瑾《曾國和曾國銅器綜考》，《江漢考古》1980 年 1 期。
　②　曾昭岷、李瑾《曾國和曾國銅器綜考》，《江漢考古》1980 年 1 期。
　③　湖北省博物館《湖北京山發現曾國銅器》，《文物》1972 年 2 期。
　④　周永珍《曾國與曾國銅器》，《考古》1980 年 5 期。
　⑤　曾昭岷、李瑾《曾國和曾國銅器綜考》，《江漢考古》1980 年 1 期。

曾子之"子"應是兒子的意思。瑚銘稱"曾子義行",也應作如是解。

飤,《説文》云:"糧也,從人食"。從古文字來看,食、飤當爲一字,余義鐘銘"飲食歌舞",食字即作"飤",是其例。金文"飤瑚"、"飤簋"、"飤鼎"、"飤繁"名數十見,容庚先生指出,"飤"義皆當訓食①。

匿,即《説文》之"盨"。舊釋爲"簠",乃沿襲宋人之誤,高明先生始指出其非②。他指出,青銅器中的簠應指盛黍稷圓形器,形制如豆,銘文自稱爲"甫"、"箇"、"鋪"、"匿";而自銘爲"匿"的方形器,則應稱"盨",典籍或作"胡"、"瑚"。按高説甚確,今從之。

二

下面,對由銘文涉及的有關問題,提出討論。

盤銘的"工虖大叔硈",頗耐人尋味。我們認爲,他很可能就是繼諸樊後登位的吳王餘祭。

《史記·吳太伯世家》:"二十五年,王壽夢卒。壽夢有子四人,長曰諸樊,次曰餘祭,次曰餘眛,次曰季札。季札賢,而壽夢欲立之,季札讓不可,於是乃立長子諸樊,攝行事當國。"諸樊弟兄爲了實現其父的願望,希冀能傳位於季札,故兄弟相遞爲君。盤銘"硈"的身份是"工虖大叔",也就是吳王之首弟,與諸樊爲王時餘祭的身份相符。

其次,餘祭之名,馬王堆出土帛書《春秋事語》作"餘蔡",典籍或作"句餘"。《左傳》襄公二十八年記齊慶封奔吳,"吳句餘予之朱方",杜預注:"句餘,吳子夷末也。"然餘祭卒於襄公二十九年③,則二十八年賜慶封邑之吳王,不得爲夷末(即餘眛)。《史記》索隱謂"句餘、餘祭或謂是一人",是可取的。《史記》敍此事作:"王餘祭三年,齊相慶封有罪,自齊來犇吳,吳予慶封朱方之縣。"正列於餘祭時。上面已經指出,據《説文》"硈"字從"吉"得聲。從古音上講,"吉"是見母質部字;"蔡"從"祭"得聲,"祭"是精母月部字;"句"是見母侯部字;"句"、"吉"爲雙聲關係,"祭"、"吉"爲旁轉

---

① 見陳初生《金文常用字典》第 571 頁引,陝西人民出版社,1987 年。
② 高明《盨、簠考辨》,《文物》1982 年 6 期。
③ 此據《春秋》經傳。餘祭在位僅 4 年,餘眛爲 17 年,《史記》誤倒,見司馬貞《索隱》及梁玉繩《史記志疑》。

關係。所以，"吉"和"祭"、"蔡"、"句"均有通假的可能。餘祭之名盤銘作"硆"，而典籍及帛書作"餘祭"、"餘蔡"、"句餘"，蓋中原人記吳音之故。

再次，盤銘字體最接近於淮南出土的諸樊劍[①]，國名作"工盧"也是吳王光以前吳國青銅器銘文的特點。從銘文字體及國名用字的習慣來看，作器時間正符合。

根據上述幾點，我們有理由認爲，"工盧大叔硆"就是典籍中的餘祭，盤作於諸樊爲王時。

羅是春秋時建於漢淮間的一個小國。《左傳》桓公十二年："楚師分涉於彭。羅人欲伐之，使伯嘉諜之，三巡，數之。"杜預注："羅，熊姓國，在宜城縣西山中，後徙南郡枝江縣。"今湖北宜城縣西 20 里之羅城，即羅故國。羅爲楚所迫，先徙於今湖北枝江縣，後遷至今湖南平江縣南。羅國被楚吞没，不知於何時，典籍失載。《春秋》經、傳中記羅之史事甚少，祇見於桓公十二年及十三年。據顧棟高《春秋大事表》卷四"楚疆域表"按語中説，"楚在春秋吞併諸國凡四十有二"，按顧表排列順序，羅在第六位，於鄀之後，盧戎之前。不過，此表根據大概是以楚文王遷羅於枝江爲由。其實，此時羅國並非已滅，祇是被迫遷徙而已。推測羅之被滅，約在春秋後期。

匜的作器者爲"羅兒□"，則其爲羅國人，其又自稱是"吳王之甥子"。同墓所出的盤，則爲吳國大叔硆之物，而 1964 年程橋一號墓出土的編鐘銘文稱："攻敔仲終戉之外孫坪（平）之子臧孫"。這三者之間應有互相繫聯關係。

據上面的討論，大叔硆就是餘祭。餘祭的女兒嫁於臧公，那麼臧公之子就是餘祭的外孫。匜銘的吳國國名作"吳"，據筆者研究，吳國銅器稱"吳"，其時代不能早於吳王光時[②]。臧公之妻既然是餘祭的女兒，自然也是吳王僚[③]、光的姊妹輩，從時王的角度講，"羅兒□"正是吳王的外甥。匜的時代定於吳王光時，與稱謂正可吻合。

編鐘銘的"平"，是吳國"仲終戉之外孫"，也就是説，仲終戉之女嫁于平之父。我們認爲，仲終戉與硆爲同一人，即餘祭。先秦時代，常常在名字中加伯（孟）、仲、叔、季表示兄弟長幼，即貴族中的行輩，如伯夷、叔齊、季札之例。餘祭排行第二，正是"仲"字行。盤銘稱"大叔"，示其身份；鐘

---

① 安徽省文化局文物工作隊《安徽省淮南市蔡家崗趙家孤堆戰國墓》，《考古》1963 年 4 期。
② 詳拙文《北山銅器新考》，《東南文化》1988 年 6 期。
③ 此依《史記》及《吳越春秋》説，以僚爲餘眛子。《公羊》則以僚爲壽夢庶子。

銘稱"仲"，指其排行。終戉，乃是其名。按"戉"字，從"月"從"戈"，《説文》所無。金文有"戠"字，春秋及其以前的均作"戉"，從"肉"從"戈"。我們知道，在古文字中，"月"、"肉"兩個字形體相似，作爲偏旁時很容易相混，特別是春秋戰國時尤甚（可參看《金文編》及《古璽文編》有關字形）。所以，鐘銘的"戉"字有可能本從"肉"旁，也是"戠"字。"戠"是見母鐸部字，與"吉"、"句"、"祭"古音極近，例可相通。鐘銘作"終戠"，乃是餘祭之名的又一種寫法。凡接觸過先秦史的同仁都知道，古代人名無定字，不如後世之嚴，其例甚多。如楚國後期著名的政治活動家昭滑，《韓非子·內儲說》作"邵滑"；《史記·甘茂列傳》、《戰國策·楚策一》作"召滑"；《楚策四》作"卓滑"；《趙策三》作"淖滑"；賈誼《過秦論》作"昭滑"，望山楚簡作"召固"，可見一斑。即如吳國國名而言，同是吳王夫差作器，青銅器銘文或作"攻敔"，或作"吳"，也不固定。所以，餘祭之名或寫作"餘蔡"、"句餘"（疑"餘句"之誤）、"終戠"、"硞"毫不奇怪。又《左傳》襄公三十一年，趙文子曰："巢隕諸樊，閽戕戴吳"，杜預注："戴吳，餘祭"。是餘祭之名又作"戴吳"，即"吳戴"，吳爲國名。疑"戴"爲"戉"之訛，古文字"戉"與"戠"形近，"戉"與"戴"聲通、形亦近，故易致誤。當然，也不排除"吳戴"是"餘祭"的通假字的可能。

因此，鐘銘的"平"與匜銘的"羅兒□"，實是兄弟①，臧公是他們的父親，臧孫是平的兒子。另外，從姓氏的角度講，也可以得到相同的結論。我們知道，"氏"在西周、春秋時代是作爲貴族的家族之標識。命氏的主要方法除了以職官、封邑爲氏外，也有以其祖父（或父）的"字"爲氏。以字爲氏，大多用於公族。大凡諸侯之子稱公子，公子之子稱公孫，公孫之子即以其祖父的字爲氏。如鄭穆公之子曰公子騑、字子駟，子駟之子曰公孫夏，公孫夏之子則曰駟乞。臧公之子曰平，平之子曰臧孫，正符合古代姓氏命名的習慣。因而臧孫鐘的時代，可以定在夫差時。

前已指出，羅國被楚吞没，大概在春秋後期。羅滅後，其貴族臧公投奔一直與楚爲敵的吳國，吳妻之以女，後將其安置在程橋一帶，也合情理。況且典籍也有這方面的例子，如齊國的慶封，因有罪奔吳，餘祭不僅予以朱方

---

① 從拓本看及查核原器，"兒"下一字雖殘泐，但可排除是"平"字的可能性，所以兩者絶非一人。

之邑爲奉邑，而且“以女妻之，富於在齊”①。

六合在春秋時爲棠邑，樂史的《太平寰宇記》和顧祖禹的《讀史方輿紀要》均以爲即楚之棠邑，後爲吳地，並且云：“襄十四年楚子囊師於棠以伐吳。又伍尚爲棠邑大夫。”按伍尚爲大夫之棠邑在今河南遂平縣西，爲楚之棠邑，見《左傳》昭公二十年。襄公十四年之棠邑爲吳地，在今六合縣西北25里。兩處並非一地，其説有誤②。吳地之棠邑是否曾屬楚，尚不得知。不過從襄公十四年傳文來看，至少在當時棠邑已屬吳。可見在諸樊或稍後時，棠邑完全有可能作爲吳地而安置臧公。其後臧公子孫世居其邑，死後也葬於此地，合符常理。

先秦時期，流行著族墓制度，這是從氏族制階段沿襲下來的習慣，不僅有國君和卿大夫葬在一起的“公墓”，還有以宗族爲單位的族墓。春秋時代有些國家雖没有“公墓”，但是國君和卿大夫的宗族都各自有其族墓，家族墓地中所埋的有親屬關係的幾代人③。程橋先後發現的三座墓，相距僅百米，出土器物時代接近，銘文又可以互相繫聯，毫無問題這是一處家族墓地。據上述，這裏就是羅國後裔臧公家族的墓地。推測一號墓主爲臧孫，三號墓主是羅兒□，二號墓主不知屬臧公抑或是平，因爲二號墓所出編鐘銘文殘渺不清，難以據論。

至於一號墓所出編鐘銘文不冠作器者國名，也不足爲怪，此時羅國早亡，其後代作器自無稱國之必要。這正如近年丹徒北山頂出土的舒國銅器④，編鐘爲甚六所作，其時國尚未亡，故銘文稱“舒王之孫”，而其妻作鼎時國已滅，所以祇稱“甚六之妻”而不冠國名，是同樣道理。程橋出土的編鐘及匜銘之所以要稱“攻敔仲終戢之外孫”、“吳王之甥子”，也就是因爲其國已亡，實無炫耀的價值，而自己又不甘心放下舊貴族的臭架子，故祇好用姻親的關係來擡高自己的地位，説穿了也無非是“拉大旗作虎皮”！

最後，簡單談談曾器的問題。

自1966年以來，在湖北的京山、隨縣、棗陽，以及河南的新野等縣，連續發現曾國銅器，引起學術界的極大興趣。特別是通過隨縣曾侯乙墓的發現，

① 《史記·吳太伯世家》。
② 參看楊伯峻《春秋左傳注》，中華書局，1981年。
③ 楊寬《試論西周春秋間的宗法制度和貴族組織》，載《古史新探》，中華書局，1965年。
④ 江蘇省丹徒考古隊《江蘇丹徒北山頂春秋墓發掘報告》，《東南文化》1988年3、4期（合）。

證明了在春秋到戰國初，湖北境內確實存在著一個姬姓曾國。據研究，這個曾國就是文獻記載中的隨國①。

湖北的曾國與羅國，同爲"漢東之國"，很可能是因婚姻關係，才使曾子義行瑚入於羅國，最後入葬於羅國後人墓中。當然，也有戰利品的可能性。但是根據考古發掘中出土的青銅器的情況來看，以他國或他人禮器（指戰利品）作隨葬品的話，往往鏟掉原器主的名字，或加刻新銘，除非有特殊的情況②。

總之，程橋新出的曾器，爲探討曾國的地域和歷史，又增添了新的資料。

春秋後期，吳國勢力日益強大，先後向西、南擴張，諸樊劍銘文云："余處江之陽，至于南行、西行"③，就是這方面情勢的寫照。吳國不僅攻佔過楚郢都，還幾乎滅掉了越國，夫差甚至北上中原爭霸，其氣焰勢不可擋。江、淮間諸小國迫於楚之淫威，紛紛鑽入吳的羽翼之下，尋求保護與生存。程橋三座墓先後出土的羅器、北山頂大墓出土的舒器，以及安徽壽縣蔡侯申墓出土的銅器銘文所反映的④，正是這段歷史的縮影。深入研究這一時期江、淮諸國與吳國的關係，必將大有益於吳文化的探索。

附記：本文撰寫過程中，得到陳兆善同志的大力支持，謹致謝忱。

（原載《東南文化》1991 年 1 期）

---

① 李學勤《曾國之謎》，《光明日報》1978 年 10 月 4 日。
② 楚墓中隨葬吳、越王劍，除了劍名貴外，還顯示出墓主的功勳，所以不鏟除原器主名。至於三號墓隨葬吳大叔盤，乃是外家之器。
③ 安徽省文化局文物工作隊《安徽省淮南市蔡家崗趙家孤堆戰國墓》，《考古》1963 年 4 期。
④ 安徽省文物管理委員會、安徽省博物館《壽縣蔡侯墓出土遺物》，科學出版社，1956 年。

自鐸銘文考釋

2003 年春，浙江省紹興市區塔山旁某基建工地出土了一件青銅甬鐘，上有鳥蟲書銘文，紹興市文物考古研究所及時將其徵集入庫，避免了國家珍貴文物的流失。有銘徐國青銅器在紹興出土屬第二次，對於研究春秋時期越國和徐國的關係及歷史，提供了十分重要的新資料。

一

出土的青銅甬鐘爲春秋時期吳越地區常見的流行式樣，通高 39.6 釐米，鉦邊及篆部四周飾圓錐紋，有枚（圖一、二）。銘文分佈在鐘體正反兩面的鼓部，最後一字因缺乏位置而補於反面鉦間（圖三、四）。銘文爲鳥蟲書，屬典型的越國鳥蟲書體①，共 50 字（其中重文一）。下面依原行款寫出釋文，括弧中爲通假字，並對若干詞句加以解釋。

    隹（唯）正十
    月，吉日
    丁巳之
    □脣（辰）。自
    余邾（徐）王
    旨後之
    孫，足利
    次留之

---

① 關於各國鳥蟲書體的風格問題，詳見拙著《鳥蟲書通考》，上海書畫出版社，1999 年。

圖一　青銅甬鐘正面　　　　　　　　圖二　青銅甬鐘背面

元子，天
乍（祚）縣夫
㠯之貴
姓（甥）。擇氒（厥）
吉金，自
乍（作）其鐸。
枼=（世世）鼓勿［之］，
後孫之［勿］
忘。

唯正十月

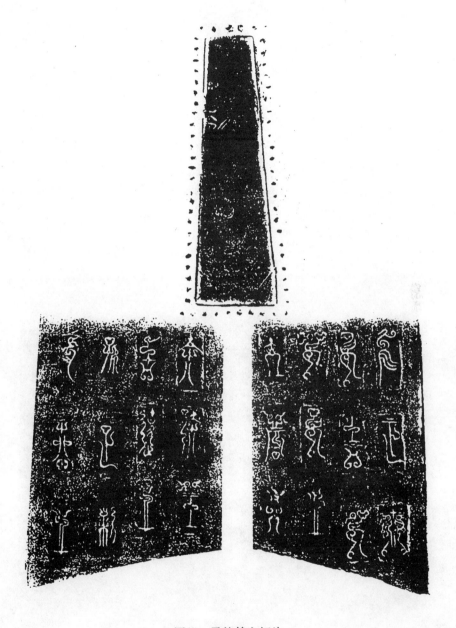

圖三　甬鐘銘文拓片

　　銘文不稱"唯王某月"，可見不奉周朝正朔，乃按本地區習慣用曆。春秋戰國時期諸侯國往往各自行用傳統曆法，在南方各國尤以爲甚。本器作者爲徐國貴族，從目前所見到的徐國青銅器銘文來看，均稱"唯正某月"，尚未見他例。

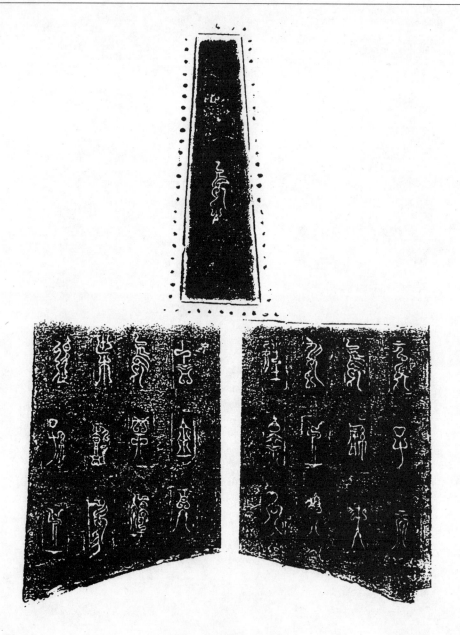

圖四　甬鐘銘文拓片

吉日丁巳

吉日，好日子，《詩·小雅·吉日》："吉日庚午，既差我馬。"地支之"巳"字，從甲骨文到金文，過去一直皆寫作"子"字，雲夢睡虎地秦簡已用"巳"字。但究竟什麼時候始改用"巳"，一直是個懸而未決的問題。本銘直接寫作"巳"而不作"子"字，在青銅器銘文中係首次出現。

□辰

"辰"字構形原從"日"，乃是贅增形旁，春秋、戰國文字習見。辰指時間，散盤① 銘云："唯王九月，辰在乙卯"，句中"辰"指日子。本銘之"辰"乃指時分，猶今語"時辰"。青銅器銘文中，記日之後偶見記時分者，如河南淅川楚墓出土的𨚲子受鐘，銘云："唯十又四年叄月，唯戊申亡乍昧爽。"江蘇丹徒北山頂春秋墓出土的舒器甚六鼎銘云："唯正月初吉，丁亥甫（餔）遟時。"即其例。"昧爽"、"餔遟時"、"□辰"均時分名。可惜本銘"辰"前一字未識，不能確指其時分。

自余

根據文意，"自余"應是作器者自稱之語。"自"爲人名，"余"乃第一人稱代詞。古代第一人稱代詞跟同位人名連稱時，通常是第一人稱代詞在同位人名之前，這在典籍中較爲常見。但典籍和出土的銅器銘文中，也偶有第一人稱代名詞在同位人名之後的例子，如《左傳》僖公九年云："王使宰孔賜齊侯胙，……齊侯將下拜，孔曰：'且有後命。天子使孔曰：以伯舅耋老，加勞，賜一級，無下拜。'對曰：'天威不違顏咫尺，小白余敢貪天子之命，無下拜？恐隕越於下，以遺天子羞。敢不下拜？'""小白"是齊桓公的名字。安徽盧江出土的吳王光劍銘云："攻敔王光自乍（作）用劍。趄余允至，克戕多攻。""趄"是吳王光的名字，與"光"乃一名一字。傳世的紀甫人匜銘云："紀甫（夫）人余余（徐）王□孫，茲乍（作）寶也（匜），子子孫孫永寶用。""趄余"、"紀夫人余"與上引《左傳》的"小白余"，均是第一人稱代詞在同位人名之後②。本銘"自余"又爲之添一新例。徐器銘文中人名一般以多字爲主，但稱單名者也不少，如"徐王庚"、"徐王糧"、"徐王子旃"、"徐𦡊尹鐈"等，所以本銘器主名作"自"，並非孤例。徐器銘文中有時也有在單名之後附加"兒"字的，如"沇兒"、"庚兒"、"儔兒"等例。

徐王旨後

"徐"字原篆構形從"余"從"邑"作"𨛬"，這是金文中徐國國名用字的特有寫法，也是識別徐國青銅器的一項重要標準。"旨後"，徐王名。"徐王旨後"不見典籍記載，根據銘文內容結合史籍分析，可能即《左傳》昭公四

---

① 本文引用的青銅器銘文，除特別注明外，均引自《殷周金文集成》，中國社會科學院考古研究所編，中華書局，1984～1994年。

② 參看李家浩《攻敔王光劍銘文考釋》，《文物》1990年2期。

年所記載的失名徐王，係吴出。

足利次留之元子

"足利次留"，人名，作器者"自"的父親，徐王旨後的孫輩或裔孫。元子，長子。《尚書·顧命》："用敬保元子釗，弘濟於艱難。"徐器銘文中也有稱"元子"的例子，如徐王義楚元子劍："郐（徐）王義楚之元子□，擇其吉金，自作用劍。"次□缶蓋："郐（徐）頒（駒）君之孫，利之元子次□，擇其吉金，自作卅（盥）缶。"①

天乍麻夫夵之貴姓

"天乍"，讀爲"天祚"。"祚"字本訓福，由賜福義引申爲流傳、傳代，《晉書·段灼傳》："（鄧）艾功名已成，亦當書之竹帛，傳祚萬世。"《史通·內篇·因習》："事出百年，語同一理。即如是，豈陳氏苗裔祚流東京者乎？"古代君王稱"天子"，周王或稱"天王"，或稱"天君"，所以這裏的"天祚"當指周天子之祚。結合史籍看，銘文實際上是指周室苗裔，也就是姬姓吴國王族。附帶指出，"祚"字《説文》列於"示"部新附（見大徐本），段玉裁以爲是"胙"之俗字，甚是。但他又認爲這是後人所臆改，則不確。包山楚簡已出現"祚"字，用法正同"胙"②。

"麻夫夵"，人名，即作器者的舅氏。"姓"讀爲"甥"，"甥"、"姓"均從"生"得聲，古音相近，故可通假。古籍中"生"既可借作"姓"，也可借作"甥"；從"生"的"省"或與"姓"通，或與"甥"通，詳參高亨《古字通假字典》有關字例，不煩引。《左傳》莊公六年："楚文王伐申，過鄧。鄧祁侯曰：'吾甥也'，止而享之。"杜預注："姊妹之子曰甥"。《説文》："甥，謂我舅者，吾謂之甥，從男，生聲。"本《爾雅·釋親》文，然《釋親》"妻黨章"又云："姑之子爲甥，舅之子爲甥，妻之晜（昆）弟爲甥，姊妹之夫爲甥"，稱呼混亂，不可信，段玉裁已非之，詳《説文解字注》。

據史籍記載，吴國是周太伯因讓位奔荊蠻而建立的，見《史記·吴太伯世家》。徐國本江淮間蠻夷大國，與吴國時友時敵，《左傳》昭公四年："徐子，吴出也，以爲貳焉，故執諸申。"據此可知昭公四年時的徐王，其母乃吴王（或吴國王室）之女，但《左傳》失記徐王名。本銘作器者自稱其是"天祚麻

---

① 江蘇省丹徒考古隊《江蘇丹徒北山頂春秋墓發掘報告》《東南文化》1988年3、4期（合）。

② 湖北省荆沙鐵路考古隊《包山楚簡》，文物出版社，1991年。

夫吞之貴甥",可與這段史實結合起來看。吳國君主是周室之苗裔,但徐國後來又是被吳國所滅掉,所以作器者既要擡高自己的身價,突出其外家的尊貴(自稱"貴甥"),但又忌諱被吳所滅之事實,另外又要考慮到吳國是越國的死敵、且又被越所滅的現實,故祇好用"天祚"來曲折表達,真是煞費苦心。結合以上分析,《左傳》昭公四年所載的"徐子",應即本銘所記的徐王旨後。

春秋時期,王孫貴族鑄器,喜歡在銘文中自報家世,器主往往在自己的名字前冠以先世的名號,有的還記出其他的血緣關係,這種現象,是南方青銅器銘文的一個特點。本銘器主自稱是"徐王旨後之孫",又拉扯出外家的"天祚"貴胄身價,也未免這種俗套。自報家世,炫耀門閥的目的,歸根結蒂在於炫耀自己①。

吉金

青銅器銘文中習見的"吉金"一語,舊訓爲"善金",即好的銅,故《辭海》謂"吉金猶言善金"。裴錫圭先生則認爲,準確的説法當依朱劍心《金石學》解釋"吉金"所説:"吉,堅結之意",意思是堅實的銅(指鑄器之銅)②。

鐸

《説文》"鐸,大鈴也。軍法:五人爲伍,五伍爲兩,兩司馬執鐸。从金,睪聲。"據《説文》,鐸是一種軍中樂器,手執,用於武事。中山王鼎銘文有云"奮桴振鐸,闢啓封疆"語,可證。出土青銅器中被定名爲"鐸"的,形體一般不大,使用時手執。另有一類形制相似而較大型者,被定名爲"鐃",使用時植柄,兩者使用時均甬部朝下。青銅的鐸有自名爲"鐸"者,如"□外卒鐸",大型的鐃至今未有自名。甬鐘的特徵是甬部有紐,使用時懸挂,甬部朝上。與前兩者形制雖相似,但使用時却相反。此外,西周時的鐃與甬鐘均飾有枚,但鐸則無枚。本器器形是典型的甬鐘形式,與一般青銅器所定名的"鐸"形制有別。這類甬鐘自名均寫作"鐘",從未有稱"鐸"者。我們知道,西周時期中原開始流行的甬鐘,其淵源來自南方地區商周時期的大鐃,所以這件甬鐘自名爲"鐸",或許正是南方大鐃的本來名稱。這爲青銅樂器的定名,又提供了新的認識。

世世鼓之

---

① 張振林《關於兩件吳越寶劍銘文的釋讀問題》,《中國語文研究》第七期,1985年;李學勤《春秋南方青銅器銘文的一個特點》,《吳越地區青銅器研究論文集》,兩木出版社,1997年。
② 裴錫圭《釋字小記》,載《古文字論集》,中華書局,1992年。

"之"字原與下行的"勿"字位置互倒，造成銘文錯亂，卒不可讀，今據文意調整。這件甬鐘的銘文原是在鑄造時使用單字模嵌入主體陶範上的，類似於後世木活字的用法。由於不平整，每個字的四框往往有印痕，這在拓本上可以很清楚地看到，觀察原器更爲明顯。這是吳越地區青銅器銘文常見的一個現象①。這種範鑄銘文方法，雖然便於鑄造多件同銘器，但工匠稍有不慎（或因不識字）便會造成銘文錯亂。如出土於安徽壽縣、陳仁濤《金匱論古初集》著錄的一件越王者旨於賜戈，銘文作："越王賜旨於者"（圖五），實應爲"越王者旨於賜"，銘文竪列兩行，因第 3 字與第 6 字字模互易誤植而致。再如上海博物館收藏的一件越王者旨於賜矛，銘文除"者"字外，不僅全部倒置，而且將最後"於賜"二字誤列於上端，結果銘文錯訛成："於越王賜旨者"（圖六），無法通讀。本件鐘銘"勿"、"之"二字緊鄰，也由於同樣原因，造成兩字位置互易。

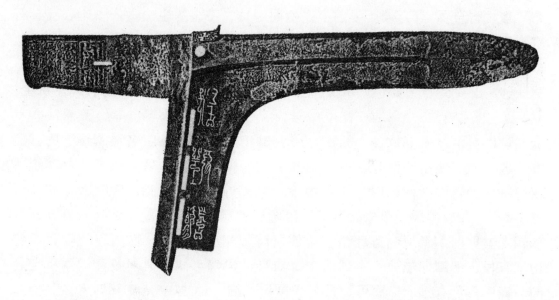

圖五

枼，"世"字繁構。"世"字下原有重文符號，拓本不現，觀察原器約略可辨。鼓，動詞，泛指擊奏。《詩·小雅·鼓鐘》："鼓鐘將將，淮水湯湯。"徐器沇兒鐘銘云："子子孫孫，永保鼓之"；徐王子旃鐘銘云："子子孫孫，萬世鼓之。"與本銘正可互參。

---

① 馬承源主編《商周青銅器銘文選》557 號説明，文物出版社，1988 年。

圖六

後孫勿忘

後孫，後代子孫。吳王光鑒銘文末尾云："子孫勿忘"；吳王光殘鐘銘云："虔敬命勿忘"，與本銘用詞相似。徐器儔兒鐘銘云："子孫用之，後民是語"，也可參看。

二

徐國本是東方淮水流域的一個大國，徐人之先祖可追溯到佐夏禹治水有功的伯益，伯益之子若木被封於徐（今江蘇泗洪和安徽泗縣一帶），但在周人的眼中一直被視爲蠻夷，史書和青銅器銘文稱之爲"徐戎"、"徐夷"或"淮夷"、"南淮夷"。西周穆王時，徐國强盛，徐君誕稱王，典籍稱"徐偃王"，《韓非子·五蠹》："徐偃王處漢東，地方五百里，行仁義，割地而朝者三十有六國。"《後漢書·東夷列傳》："徐夷僭號，乃率九夷以伐宗周，西至河上。"由於徐人勢力擴張危及周王朝利益，引起穆王恐懼，"穆王畏其方熾，乃分東方諸侯，命徐偃王主之。"後來又進一步採取嚴厲打擊措施，討伐圍剿徐國，"穆王後得驥騄之乘，乃使造父御以告楚，令伐徐，一日而至，於是楚文王大舉兵而滅之。"徐偃王爲了徐國百姓的安危，遂主動放棄北上而率族人、百姓撤退，以至國亡，故後世說他"偃王用仁義而喪其國"。周穆王死後，徐偃王之子徐宗又被周共王復封於彭城（今江蘇徐州），但國力已大不如前，由盛轉衰，直至春秋後期周敬王八年（公元前 512 年）被吳王闔閭滅國。

　　徐國的兩次亡國，迫使部分徐人南下，流亡他鄉，或開闢新地，或投靠友邦。浙江各地有許多與徐偃王有關的遺迹，就和這段史實有關。如嘉興有徐偃王廟、徐偃王墓（《至元嘉禾志》），鄞縣有徐偃王宅（《成化四明郡志》），舟山有徐城（《史記·秦本紀》《正義》引《括地志》），黃巖有徐偃王古城（《輿地紀勝》），龍游有徐偃王祠（《明一統志》）等。唐代大文學家韓愈曾經爲龍游的徐偃王廟撰寫過碑文，指出衢州的居民多姓徐氏，爲徐偃王之後。又據《元和姓纂》載，浙江於潛縣（現並入臨安縣）大姓徐氏，乃“（徐）偃王之後，爲杭州望族”。上述這些記載雖有傳訛之嫌，況且徐偃王被打敗本人也不太可能會逃到浙江，而且所載的方志又是較晚出的文獻，早期的史籍又沒有明確著錄，但是這些傳說還是從一個側面反映了徐人勢力進入浙江的歷史事實[1]。

　　1982 年 3 月，浙江省文物部門在紹興坡塘獅子山西麓，發掘了一座春秋時期的墓葬，編號爲 M306，出土了一批青銅器，其中三件鑄有銘文，根據銘文知道是徐國器。通過對墓葬形制和出土器物的分析，這是一座徐國貴族的墓，部分隨葬青銅器是徐人流亡到浙江以後所鑄。我在考證坡塘出土的青銅器銘文時曾指出，聯繫地方志記載的徐偃王傳說，郭沫若先生在 30 年代提出的“春秋初年之江浙，殆猶徐土”的看法，有先見之明。結合越王的姓氏等多種因素考察，越國的建立和徐人勢力入浙，有一定的關係[2]。當年由於材料的局限性，我們有些看法尚有補充和修正之處，如 306 號墓的年代，應該定在春秋晚期爲妥；越、徐之間的關係論述，尚需增加證據等。現在紹興再次出土徐國青銅器，說明徐人勢力確實進入浙江。韓愈撰寫的龍游徐偃王廟碑文中曾說：“或曰偃王之逃戰，不之彭城而之越城之隅，棄玉几研於會稽之水”，正可爲紹興出土徐國銅器佐證。

　　值得指出的是，前些年曾於浙江紹興地區出土兩件越國青銅戈，上面鑄有銘文，作器者爲越王得居，即越王允常，句踐的父親。可惜出土不久兩戈

---

[1]　曹錦炎《春秋初期越爲徐地說新證》，《浙江學刊》1987 年 1 期。

[2]　詳拙文《紹興坡塘出土徐器銘文及相關問題》，《文物》1984 年 1 期；《越王姓氏新考》，《中華文史論叢》1983 年 3 期。

均流入民間，銘文較多的一件現爲澳門某收藏家所得，另一件現藏紹興越文化博物館。銘文記載了越國先稱王、鑄造銅戚佐助徐國稱王的內容，爲史籍所失載。通過銘文，不僅印證了越國自允常始稱王的史實，而且更使我們瞭解到越、徐之間有著某種特殊的關係，彌足珍貴[①]。由此可見，紹興出土徐國青銅器，自是情理中事。

東南諸國的青銅器，大體上講，徐盛於前，吳、越興於後，徐文化對吳越文化的影響，在青銅器上是顯而易見的。製作精良，銘文字體秀麗，紋飾細緻優美等特色，爲吳越青銅器所繼承。所以，在吳越地區出土的青銅器，往往因沒有銘文而難以準確判斷其國別和鑄造地，容易引起爭論。這次紹興新出土的青銅甬鐘，從銘文書體看，是典型的越國鳥蟲書風格，尤接近於宋代出土的越王者旨於賜鐘，但銘文却注明是徐器；從銘文內容分析，這是徐人被吳滅國而流亡越地後所作。因此，這件青銅甬鐘的鑄造地，當在越國故都紹興，其具體年代約在越王句踐晚期或稍後。我們相信，隨著考古工作的進一步開展，浙江地區還會有徐國青銅器的出土。

附記：本文寫作時承紹興市文物考古研究所提供甬鐘有關資料，特此誌謝。

（原載《文物》2004 年 2 期）

---

① 曹錦炎《越王得居戈銘文考釋》，《古文字研究》第二十五輯（待刊），中華書局。

春秋初期越爲徐地説新證
——從浙江有關徐偃王的遺迹談起

　　"春秋初年之江浙，殆猶徐土"，這是 30 年代郭沫若在他的名著《殷周青銅器銘文研究》中首先提出的，雖然不無猜測之辭，但確有先見之明。1982 年 3 月，浙江省考古工作者在越國古都——紹興市的坡塘公社獅子山，發掘了一座春秋時期的墓葬，出土了一批青銅器[1]，根據銘文，知道這批銅器係徐國製造。徐器在越地出土，無疑爲郭説提供了強有力的實證。

　　我們在考證這批銅器銘文時曾指出，徐人勢力深入浙江境内的事實，在地方志上早有所反映，浙江各地有許多與徐偃王有關的遺迹[2]，這些遺迹，正是從另一個側面證明了這個問題。

　　徐國本是淮水流域的一個大國，史書及銅器銘文上稱之爲"徐戎"、"徐夷"、"淮夷"、"南淮夷"，其故地在今江蘇省泗水一帶。作爲徐國的典型代表而常被後人稱道的徐偃王，是一個頗具神話色彩的人物，《尸子》説他"有筋（筋）而無骨"[3]，"没深水而得怪魚，入深山而得怪獸者多列於庭"[4]，《荀子》説他"目可瞻馬"[5]，然而徐偃王名垂於後世的原因，却是他"行仁義而喪其國"。《韓非子·五蠹》："徐偃王處漢東，地方五百里，行仁義，割地而朝者三十有六國。荆文王恐其害己也，舉兵伐徐，遂滅之。故文王行仁義而王天下，偃王行仁義而喪其國，是仁義用於古而不用於今也。"《後漢書》則以爲伐徐

---

① 浙江省文物管理委員會等《紹興 306 號戰國墓發掘簡報》，《文物》1984 年 1 期。
② 曹錦炎《紹興坡塘出土徐器銘文及其相關問題》，《文物》1984 年 1 期。當時限於篇幅，語焉不詳。
③ 《史記·秦本紀》集解引。
④ 《山海經·南山經》"猨翼之山"條下注引。
⑤ 《荀子·非相篇》。

乃周穆王所命，《東夷列傳》："後徐夷僭號，乃率九夷以伐宗周，西至河上。穆王畏其方熾，乃分東方諸侯，命徐偃王主之。偃王處潢池東，地方五百里。行仁義，陸地而朝者三十有六國。穆王後得驥騄之乘，乃使造父御以告楚，令伐徐，一日而至。於是楚文王大舉兵而滅之。偃王仁而無權，不忍鬬其人，故致於敗。"謂滅徐之楚君爲文王，前人已論及其誤，此不贅述①。

　　徐偃王被打敗後，"乃北走彭城武原縣東山下，百姓隨之者以萬數"②，看來當時徐國並未被滅掉，祇是轉移到了另一個地方而已。關於徐偃王的敗逃方向，或以爲不北走，而是南逃到浙江，韓愈曾爲浙江龍游的徐偃王廟撰寫過碑文，文中提到："衢州，故會稽太末也，民多姓徐氏，支縣龍丘有偃王遺廟，或曰偃王之逃戰，不之彭城而之越城之隅，棄玉几研於會稽之水"③，以爲徐偃王是逃到會稽也就是紹興去的。也有認爲是逃到舟山的，如《史記·秦本紀》《正義》引《括地志》云："徐城在越州鄮縣東南入海二百里。夏侯《志》云：翁洲上有徐偃王城，傳云昔周穆王巡狩，諸侯共尊偃王。穆王聞之，令造父御，乘騄駬之馬，日行千里，自還討之。或云命楚王帥師伐之，偃王乃於此處立城以終。"翁洲即今舟山群島。兩説雖地點不同，却都在浙江境內，這是值得我們重視的。

　　正因爲有徐偃王敗逃到浙江的傳説，所以在浙江地方志中載有許多與徐偃王有關的遺迹。如嘉興有徐偃王廟：

　　　　《至元嘉禾志》："在縣西二十里，偃王逃戰之會稽，嘉興本屬會稽，人多姓徐，王之宗族嘗有散在邑者，故後世因有思王功德者爲之廟以祀焉。"

又有徐偃王墓：

　　　　《浙江通志》："《至元嘉禾志》：舊傳在縣西復禮鄉。《廣輿記》：在府城西北。"

鄮縣有徐偃王宅：

　　　　《成化四明郡志》："隱學山在鄮縣東錢湖畔，舊名棲真，徐偃王隱學於此。一云在翁洲，王十朋《會稽賦》：翁洲訪偃王之廬。"

翁州即今舟山群島。《太平寰宇記》卷九十六謂越州會稽縣有翁洲，引《郡國

---

　　① 　徐旭生《中國古史的傳説時代》（增訂本）第四章，科學出版社，1961年。
　　② 　《後漢書·東夷傳》。
　　③ 　《韓昌黎全集》卷二十七，《衢州徐偃王廟碑》。

志》："徐偃王昔居于翁洲。"舟山又有徐城，見前引《括地志》。

黄巖有徐偃王古城：

> 《台州府志》："偃王古城在今太平縣西北三十五里，又縣南五里有葉、鮑二將軍廟，或謂即偃王將也。"

> 《輿地紀勝》："在黄巖縣南三十五里大唐嶺東，外城周十里，高僅存二尺，厚四尺，内城周五里。有洗馬池、九曲池，故宮基崇十四級，城上有喬木可數十圍，城東偏有偃王廟。"

龍游有徐偃王祠：

> 《明一統志》："在龍游縣西四十里徐山下。"

又見前引韓愈文。

上引這些記載雖有傳訛之嫌，況且徐偃王被打敗，其本人也不大可能逃到浙江，但這些説法畢竟從一個側面反映了徐人勢力進入浙江的情況。去掉有關徐偃王傳説的色彩，不難發現，徐人正是由於受到周人勢力的壓迫，其中一部分進入了浙江境内。但他們入據越地的情況，既不同於太伯、仲雍之讓位而避吴，也不同於吴之滅越，他們不是侵略者，而是敗逃者。由於上述這些地方志的成書年代偏晚，較早的史書上又没有這方面的記載，一般人視這些有關徐偃王遺迹的傳説爲無稽之談。現在在紹興出土了確鑿的徐國銅器，那麽，對這些地方志上所記載的材料，我們應當刮目相看了。

十分有意思的是，我們若將上述浙江有關徐偃王事迹的地點連結起來看，不難發現，徐人勢力進入浙江顯然不是從陸路，而是從海上而來。其第一站是舟山群島，然後，或渡海溯錢塘江而到嘉興、紹興、衢州，或仍循海路到鄞縣、台州，路線頗清楚。前曾疑徐人入浙，中有吴地相阻，頗多曲折，現得此解，疑團頓覺冰釋。越人善於航海，史家頗贊之，所謂："以船爲車，以楫爲馬，往若飄風，去則難從"[1]，看來也不乏徐人遺風在内。

總之，自西周穆王以降，徐人由於受到周人勢力的不斷壓迫，被逼逐漸南移，大約在西周晚期到春秋前期，徐人的一部分已進入浙江境内。地方志上記載了浙江各地有許多與徐偃王有關的遺迹，正説明了這個事實。最近紹興出土的徐國銅器，更爲之提供了新的實證。正由於徐人具有先進的文化和生產技術，所以後來，徐人中的一支諸稽氏逐漸統一了當地的土著民族，建

---

① 《越絶書·記地傳》。

立了越國①。越國終於崛起於東海之濱，到句踐後期已巍然成爲東方霸主。

　　越國建國前的歷史，典籍"語焉不詳"，許多問題尚有待於去探索，研究這一段歷史，頗感史料的不足，地方志材料雖較晚出，但有其一定的根據，如果將其與史籍記載和出土材料參互驗證，這對我們的研究工作會有很大的幫助。筆者不揣譾陋，作拋磚之談，希望同志們有以教之。

　　附記：近讀蒙文通先生的遺著《越史叢考》（人民出版社，1983 年），在《〈史記·越世家〉補正》中，蒙先生對黄巖、舟山有徐偃王遺迹的材料也已注意到，並且他指出："越州爲古之越國，台州爲古之東甌，知徐當時亦兼有甌越之地。"蒙先生的看法無疑是正確的。又，據《元和姓纂》載：浙江於潛縣（現並入臨安縣）大姓徐氏，乃"（徐）偃王之後，爲杭州望族"，也可作爲徐人入浙的佐證。

　　　　　　　　　　　　　　　　（原載《浙江學刊》1987 年 1 期）

---

① 　詳見拙文《越王姓氏新考》，載《中華文史論叢》1983 年 3 輯。

浙江鄞縣出土春秋時代銅器

　　1976 年 12 月，鄞縣甲村公社郊家埭第十三生產隊社員在開挖河道時，於石禿山旁邊的農田中，距地表約 2.5～3 米深處，發現春秋時期的青銅鉞、劍、矛各一件，伴出的還有泥質紅陶筒形罐。出土時，鉞呈黃色，有光澤，劍、矛黑而發亮。

　　鉞

　　長方形銎，正面高 9.8、背面高 10.1 釐米，刃寬 12 釐米。面飾"羽人劃船"紋（圖一）。

圖一

圖二

　　劍

　　喇叭形劍首，圓柱狀莖，莖上有二箍，寬格，中脊起棱。通長 58.8 釐米。

　　矛

　　矛身較長，中部起脊，刃基部稍向外張，圓骹，一側有附紐，在骹上部鑄一凸線"王"字，通長 19.9 釐米（圖二）。

　　鄞縣，古爲堇子國，春秋時乃越國之一部分。這幾件兵器出土於越國古地，特別是鉞具有明顯的越族風格，因此，給探討與之相關的問題，提供了可資參考的材料。下面，僅就"羽人劃船"紋鉞和"王"字矛談談我們的一些看法。

一　"羽人劃船"紋鉞

　　銅鉞一面爲素面，另一面通體施紋飾。在邊框線内，上方有兩條相向的龍，前肢彎曲，尾向内卷，昂首向天。下部以邊框底線表示狹長的輕舟，上座四人，頭戴羽冠，雙手劃船。整個畫面勾畫出一幅水上生活的生動圖景。

　　越族風格的鉞，以前在湖南、廣西等省不乏出土，上面也鑄有各種紋飾，但以"羽人劃船"紋樣出現，還是第一次。

　　"羽人劃船"紋，是早期銅鼓上較爲突出的紋樣之一，在雲南、廣西及東南亞各地出土的銅鼓中均有所反映。如果將銅鉞和銅鼓上的船紋相互比較，不難發現它們有很大的相似之處（圖三）。

　　對於銅鼓上的船紋，曾有不少的推測。有的以爲是婆羅洲達亞克族超度

越南收藏

廣南出土

圖三

死者靈魂到天堂所用的"黄金船"；有的以其上有戴羽冠的人形紋，遂以爲係表現圖騰主義；有的以爲是龍舟競賽的"競渡船"；也有的以爲是過海船[①]。

我們認爲，銅鉞上的船紋和銅鼓上的船紋一樣，都是反映南方水網地區的一種水上生活，稱之爲"競渡"是比較妥當的。越人素以擅長水上航行聞名，聞一多先生在《神話與詩》中曾提到，古代吴越民族要在端午這一天，"在急鼓聲中（那時，也許没有鑼）劃著刻劃成龍形的獨木舟，作水上競渡的遊戲，給圖騰神也給自己取樂。"用聞先生的這段話來解釋銅鉞上的"羽人劃船"和雙龍圖像是十分貼切的。

劃船的羽人，頭戴羽冠，這種裝飾，可能與越人的原始宗教舞蹈有關，《山海經》裏有"羽人之國"，《淮南子·墜形訓》也説，在我國南方和西南方，居住著一種"羽民"，在許慎的注裏，解釋爲"南方羽國之民"。所謂羽人或羽民，應該是指那些在某種場合喜用鳥羽作衣冠裝飾的民族。羽人出現在越族銅器上，應該是越族風俗的一種反映。

二　"王"字矛

鑄有"王"字的銅矛，過去在浙江境内未曾有過出土的記録，而湖南省則時有發現[②]，所以，一般均認爲是楚器。現在，由於在浙江境内陸續出土了好幾件這種銅矛，因此，給探討它們的族屬問題帶來了有利的條件。

1978 年，長興縣在開掘長興港時，曾出土過一大批兵器，其中有三件銅矛，骹上鑄有"王"字，脊側也鑄有紋飾（圖四）。1981 年在慈溪縣横河公社梅航渡橋水庫出土的一件銅矛（現藏寧波市文管會），也鑄有相同的紋飾和"王"字（圖五）。另外，嘉善縣博物館也藏有一件同樣形式的"王"字矛。

綜合浙江、湖南兩地出土的"王"字銅矛來看，它們的共同特徵是：矛身較長，中部起脊，刃基部稍向外張，骹上部鑄有"王"字，除了鄞縣出土的一件外，其餘均在脊側鑄有紋飾，其外廓成鳥翼形。上述的特徵是很明顯的。可以肯定，這種矛應該是同一時期、同一族屬所鑄造的。特別是慈溪及長興所出的矛與湖南益陽所出銅矛，幾乎如出一範，更能説明這一點。那麽，

---

① 　參看馮漢驥《雲南晉寧出土銅鼓研究》，《文物》1974 年 1 期。
② 　湖南省博物館《湖南省博物館新發現的幾件銅器》，《文物》1966 年 4 期；湖南省博物館等《湖南益陽戰國兩漢墓》，《考古學報》1981 年 4 期。

圖四

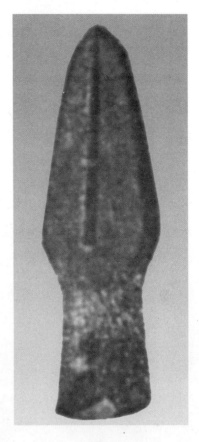

圖五

鑄造這種兵器的究竟是哪一個民族呢？

　　解放初，湖南省曾出土過一件帶柲的銅矛，矛身較長，中部起脊，一側有附紐。著錄於《楚文物展覽圖錄》圖版第七六，出土地點不詳。在這件矛的骹的上部鑄有一"王"字，刃的基部兩側各鑄有一"戉"字，三字均爲鳥蟲書（圖六）。由於當時不認識這幾個字，故稱之爲"奇字矛"。從傳世的及解放後新出土的鑄有越王名號的兵器來看，釋爲"戉王"是正確的[①]。這件矛的造型和上述"王"字矛是相同的。值得指出的是，在這件越王矛的脊側，亦鑄有三段"鳥翼形"的紋飾，祇是内中略有變化。十分有意思的是，浙江省博物館收藏的一件越王鈹，在鈹身上也同樣鑄有六段"鳥翼形"的紋飾（圖七）[②]。這兩件確鑿無疑的越國兵器與上述"王"字矛的紋飾如此接近，銅

---

　　① 日本學者林巳奈夫首先指出矛上的文字爲"戉王"，見其所著的《殷周時代の武器》第二章。
　　② "文革"期間於杭州徵集。

矛的造型與鑄“王”字的部位又相同，二者不可能是一種偶然的巧合，衹有把它們看成是同一民族製造的，即是越族製造的，才是唯一的合理的解釋。

浙江出土的幾件“王”字銅矛，目前尚不能確定其絕對年代，但參考幾件越王矛的形制來看，越晚刃基部越向外張（如越王者旨於賜矛[①]），所以，我們傾向於把它們定在春秋前期，似乎應該早於越王矛的時代。

浙江古爲越地，出土越族兵器是十分合理的。至於“王”字矛在湖南出土，不外有兩個可能：一是湖南亦爲古越族的分佈範圍之一，出土越器是很自然的；二是楚滅越後，越國兵器流入楚地。不過，前者較後者的可能性大些。

（原載《考古》1984 年 8 期）

圖六　　　　　　圖七

---

①　容庚《鳥書考補正》補圖十，《燕京學報》第 17 期。

浙江出土商周青銅器初論

　　浙江的青銅時代，正值中原夏、商、周王朝（約公元前 21 世紀起）到越國興滅的階段[①]。研究這一時期的青銅文化，對證實和探索浙江的先秦歷史，尤其是越國史，具有十分重要的意義。

　　建國以來，浙江各地陸續出土了一些青銅器，但多數非爲考古發掘所得，通過科學手段發掘的先秦墓葬出土品，更是寥寥無幾。另一方面，越王句踐以前的浙江古代史，除了一些傳說之外，在文獻記載上幾乎等於空白。在這種情況下，就現有的青銅器資料，還難於對浙江的青銅文化作全面總結，更不可能對器物作深入的類型學分析和斷代研究。因此，本文僅就浙江出土的商周青銅器，結合有關資料作初步分析，並對浙江青銅文化的若干問題，闡述自己的粗淺看法，希望能就正於關心浙江青銅文化的同志們。

一　浙江青銅文化的萌芽和發展

　　近年來，對良渚文化的研究，已取得了突破性的進展，特別是在餘杭良渚反山墓地和瑤山祭臺遺址的科學發掘中[②]，出土了大量加工精致的琮、璧、鉞等玉器，有的還雕刻有精細的獸面紋和以人獸作母題的組合紋飾，使人們對其文化的先進程度讚歎不已。有的學者根據良渚文化的"土築金字塔"建築和大型玉質禮器的出現，認爲當時已"隱現國家雛形"、"進入文明的門檻"。但是迄今爲止，在良渚文化的遺址或墓葬中，尚未發現有青銅器遺存。

---

① 浙江省博物館《三十年來浙江文物考古工作》，《文物考古工作三十年》，文物出版社，1979年。
② 浙江省文物考古研究所《浙江餘杭反山良渚墓地發掘簡報》、《餘杭瑤山良渚文化祭壇遺址發掘簡報》，《文物》1988 年 1 期。

這暗示我們，在良渚文化時期，浙江的青銅時代還未來臨。

據考古發現，在浙江境内的史前文化中，有一種包含有幾何形印紋陶的文化遺存（有的研究者稱之爲"高祭臺類型"）[①]，它和良渚文化有地層疊壓關係，其年代上限至少可以追溯到中原的商代以前[②]。1957 年，首先在淳安縣進賢遺址的清理中，發現了和有段石錛、半月形石刀等磨光石器及幾何形印紋陶伴出的小件青銅器[③]。1983 年底，對嘉興市雀幕橋遺址進行新的發掘時，在其上層也發現了銅渣[④]。據調查，這類遺址在全省已發現有數百處，範圍遍及絶大部分縣，亦常有冶煉或使用青銅器迹象的發現[⑤]。由於從地層上已經證明了這類遺存晚於良渚文化和河姆渡文化的晚期（一層），可以説，幾何形印紋陶的出現，標誌著浙江青銅器時代的到來。

商到西周時期，浙江青銅文化發展的步履是緩慢的。

1977 年長興縣長城楊橋發現的銅鉞[⑥]，形體扁平，弧刃，兩側各有一方穿，除刃部外，鉞身滿布葉脉紋和斜方格紋，内兩面都有凹入的圖案（圖一，1）。由其形制看，大體上與太湖地區穿孔石鉞的後期階段可以銜接[⑦]。1974 年 3 月湖州揀選到的另一件銅鉞，除了鉞身有凸緣透孔外，其形制與此是一脉相承的[⑧]。相同形制的凸緣透孔鉞，在鎮江地區也曾發現過[⑨]。不久後在湖州市袁家滙疏浚河道時發現的三件銅戈[⑩]，也有早期的特徵：直内有闌，内端微凹。其援部，一件刃如鉞，中有圓孔；一件三面有刃而前刃弧出；另一件呈三角形，前鋒尖鋭。三件戈的内端及闌部均飾雲雷紋，其中一件援部飾有

① 牟永抗《浙江新石器時代文化的初步認識》，《中國考古學會第三次年會論文集》，文物出版社，1984 年。
② 浙江省文物管理委員會《三十年來浙江文物考古工作》，《文物考古工作三十年》，文物出版社，1979 年。
③ 浙江省文物管理委員會《浙江新石器時代文物圖錄》，浙江人民出版社，1958 年。
④ 《中國考古學年鑒（1984 年）》第 108 頁，文物出版社。
⑤ 浙江省博物館《三十年來浙江文物考古工作》，《文物考古工作三十年》，文物出版社，1979 年。
⑥ 夏星南《浙江長興出土五件商周銅器》，《文物》1979 年 11 期。
⑦ 牟永抗《浙江新石器時代文化的初步認識》，《中國考古學會第三次年會論文集》，文物出版社，1984 年。
⑧ 《全國揀選文物展覽》（1983 年）浙江省展品 19 號，湖州市廢舊物資公司金屬倉庫揀選。
⑨ 蕭夢龍《鎮江博物館藏商周青銅器》，《東南文化》1988 年 5 期。
⑩ 牟永抗《浙江新石器時代文化的初步認識》，《中國考古學會第三次年會論文集》，文物出版社，1984 年。

圖一

1. 銅鉞　2. 銅戈　3. 銅尊　4. 銅鐃　5. 分襠鼎　6. 銅盂

斜方格紋，同於長興出土的鉞。尤其是前二件戈，形體介於戈、鉞之間（圖一，2）。無論從形制上還是從紋飾上看，都與中原出土的商代銅戈有別。器表飾斜方格紋、雲雷紋、葉脈紋，是浙江商代印紋陶的特色，因此這幾件銅器，毫無疑問都屬本地製品，其時代可定爲商。

中原的青銅文化，有著悠久的歷史。浙江出土的青銅器，頗受中原文化的影響，尤其是禮器，更是如此。1974 年海鹽縣東厨舍村出土的銅甗，腹部飾人字紋，三袋足直立，分襠明顯[1]，和中原地區商代墓葬中出土的甗相同；1959 年長興縣上草樓發現的一件銅盂（舊稱簋）[2]，内底飾一大黽紋，其紋飾可以上溯到鄭州白家莊出土的獸面紋銅罍（二里崗期）；1976 年安吉縣周家灣村一座墓葬中出土的觚、爵的形制和紋飾，與中原地區商代銅器毫無二致，而且在二件觚的圈足内還飾有一組族氏銘文[3]，商文化的影響是不言而喻的。1984 年温嶺縣琛山鄉樓旗村出土的一件大銅盤，通高 26 釐米，口徑 61.5 釐米，重達 22.6 公斤，腹飾夔龍紋，盤内用浮雕手法鑄出一條蟠龍，龍首昂然挺出於盤心，高 10 釐米。盤的器型屬典型的西周早期器，這種龍首的造型曾見之於商代銅器，龍身所飾的重斜方格紋也見於殷墟婦好墓出土的婦好盤内底的蟠龍及婦好鴞尊身上所飾的龍、蛇的軀體[4]。這些都是中原文化影響浙江的縮影。

但是，應該看到，即使是受中原文化影響較深的青銅禮器，在不同程度上仍有本地區的特徵，有些甚至完全是當地所特有的。例如長興出土青銅盂腹部所飾的 "C" 形紋（或稱耳紋，圖一，6），祇見於長興及湖南出土大鐃的旋部，而不見於中原銅器；與盂同出的青銅鐃（圖一，4），通體飾勾連雲雷紋，與同時期的印紋陶紋飾十分相近，而與中原出土的商周青銅器上的勾連雲雷紋不同。這種形式的勾連雲雷紋，常見於浙江地區出土的青銅器，如安吉縣周家灣村出土的分襠鼎[5]（圖一，5）、長興縣上草樓出土的青銅盂、温嶺縣琛山鄉出土的青銅盤腹部夔龍軀體等，這種紋飾一直延用到春秋晚期，如紹興市坡塘 306 號墓所出的銅質房屋模型屋面上的紋飾[6]。傳出温州、後爲美

[1] 海鹽縣博物館《浙江省海鹽縣出土商周青銅甗》，《考古》1981 年 1 期。
[2] 浙江省文物管理委員會《浙江長興縣出土的兩件銅器》，《文物》1960 年 7 期。
[3] 浙江省安吉縣博物館《浙江安吉出土商代銅器》，《文物》1986 年 2 期。
[4] 曹錦炎、江堯章《温嶺出土的西周蟠龍銅盤》，《台州文物》（報）第 2 期，1984 年。
[5] 浙江省安吉縣博物館《浙江安吉出土商代銅器》，《文物》1986 年 2 期。
[6] 浙江省文物管理委員會等《紹興 306 號戰國墓發掘簡報》，《文物》1984 年 1 期。

國何母斯收藏的一件商代銅卣①，其腹部獸面上也飾有這種勾連雲雷紋。這種紋飾，在江蘇省江寧縣出土的銅鐃上也可以見到②。這些都是本地區具有較强地方特徵的紋飾。又如温嶺縣琛山鄉出土的銅盤，其盤心飾蟠旋而出的龍首，這種裝飾手法在鄰省出土的青銅器上也曾見到，如江蘇省丹徒縣煙墩山西周墓出土的一件銅盉蓋部③，安徽省繁昌縣湯家山出土的銅盉蓋部④。因爲江蘇省和皖南，古代同屬於越族居住地，所以有相同的作風。上海博物館收藏的一件獸面紋龍流盉，其蓋頂也作蟠旋而出的龍首，據研究，認爲是屬於南方土墩墓出土的越族青銅器⑤。這些都是極好的例子。

需要指出的是，從上述浙江出土的商至西周時的青銅器來看，當時浙江的青銅冶鑄業已具一定的規模和水平，並有明顯的地方特徵。但從出土量來看，畢竟爲數不多，不能與中原地區相提並論。這種發展的不平衡，和當時的政治、經濟等因素有關。在春秋以前，浙江地區尚未形成統一的國家政權機構，各地的青銅冶鑄業，還僅僅停留在由分散的土著部落自行經營的階段。因此不可能設想當時青銅文化的發展會有多大的飛躍。這種狀況，直到越國的崛起，才得到較大改變。

《史記·越王句踐世家》："越王句踐，其先禹之苗裔，而夏后帝少康之庶子也。封於會稽，以奉守禹之祀。……後二十餘世，至於允常。……允常卒，子句踐立，是爲越王。"據《正義》引《輿地志》云："越侯傳國三十餘葉，歷殷至周敬王時，有越侯夫譚，子曰允常，拓土始大，稱王。"則謂稱王自允常始。著録於陳仁濤《金匱論古初集》的一柄"越王之子"劍，銘曰："戉（越）王之子玫淺"⑥，"玫淺"即"句踐"，同於湖北江陵縣望山楚墓出土的句踐劍銘文的寫法，證實了允常稱王的事實。相同銘文尚有一劍，現藏美國福格美術館，未曾著録⑦。越國自允常時始强大，至句踐滅吳後，成爲著名的

① 陳夢家《劫掠》（科學出版社，1962年）A586，或云安徽出土。
② 南波《介紹一件青銅鐃》，《文物》1975年8期。
③ 江蘇省文物管理委員會《江蘇丹徒縣煙墩山出土的古代青銅器》，《文物參考資料》1955年5期。
④ 安徽省文物工作隊等《安徽繁昌出土春秋銅器》，《文物》1982年12期。
⑤ 陳佩芬《記上海博物館所藏越族青銅器》，《上海博物館集刊》第4期。
⑥ 香港亞洲石印局，1952年。舊誤讀此劍銘文爲"戉王鳩淺之子"，張振林先生首先加以糾正，見《關於兩件吳越寶劍銘文的釋讀問題》，《中國語文研究》第七期，香港中文大學，1985年。
⑦ 轉引自陳夢家《蔡器三記》，《考古》1963年7期。

"春秋五霸"之一，"橫行于江、淮東"①，並一度遷都琅邪，稱霸中原。在這樣的背景下，當時浙江的青銅文化，達到了鼎盛時期。全省出土的春秋戰國青銅器，數量甚大，各地文物部門都有收藏，尤以兵器和農具爲大宗。王室禮器已出現長篇銘文，如宋代出土的越王者旨於賜鐘② 以及傳世的者沪編鐘③ 等，反映了當時越國青銅文化的高度發展和受華夏文化的深刻影響。

　　1959 年，紹興市城關西施山出土了大批青銅工具以及坩鍋、煉渣④，證明是越國都城的一處冶煉遺址。1963 年 8 月，溫州市永嘉縣永臨區出土了一批青銅殘器，有盤、鼎、盉及兵器、生產工具等，並伴出 50 多公斤經初步加工過的銅塊和少量錫塊⑤，是一處供冶煉用的廢銅料窖藏。1977 年，海鹽縣東厨舍村也發現了一批窖藏銅塊，盛放在一件印紋陶罐內⑥。1984 年，先後兩次在臨海縣上山馮同一地方發現青銅窖藏，内涵同於永嘉縣出土物，也以青銅塊、破殘兵器、生產工具爲主，重數十公斤，還出土了三柄完整的青銅劍⑦。值得一提的是，出土的殘兵器中，有銅弩機殘件，這在長江下游地區出土的同時代物中，尚屬首見。這類廢銅窖藏或青銅塊，在江蘇省的蘇州市城東北、金壇縣鼈墩、昆山縣盛莊等地均有發現⑧。這些材料表明，越國不僅具有豐富的礦產資源，而且還有著發達的青銅冶鑄業。《吳越春秋》載，干將鑄劍時"使童男童女三百人鼓橐裝炭"，可見其一斑。

　　從浙江出土的青銅器看，在春秋中、晚期已形成了明顯的地方風格，青銅農具和兵器是其典型代表作（詳下節），禮器方面也是如此。1982 年 3 月發掘的紹興市坡塘 306 號墓出土的青銅尊⑨，腹飾雙鈎變形獸面紋，在腹與頸、圈足相接的部位，上飾有鋸齒紋和勾連紋，而且在有花紋的部位，佈滿棘刺（圖一，3）。這類佈滿棘刺紋的侈口、扁腹、筒形尊，是長江下游地區特有的

---

① 《史記·越王句踐世家》。
② 《宣和博古圖》卷 22 頁 7。
③ 羅振玉《三代吉金文存》等著録。
④ 王士倫《戰國時代的重要銅鐵器》，《浙江日報》1959 年 7 月 20 日。
⑤ 徐定水《浙江永嘉出土的一批青銅器簡介》，《文物》1980 年 8 期。
⑥ 海鹽縣博物館資料。
⑦ 臨海縣博物館資料。
⑧ 蘇州博物館考古組《蘇州城東北發現東周銅器》，《文物》1980 年 8 期；陳兆弘《昆山盛莊青銅器熔鑄遺址考察》，《蘇州文物資料選編》，1980 年；鎮江市博物館《江蘇金壇鼈墩西周墓》，《考古》1978 年 3 期。
⑨ 浙江省文物管理委員會等《紹興 306 號戰國墓發掘簡報》，《文物》1984 年 1 期。

器型，在中原地區是找不到的。況且，在西周晚期，尊已經絶迹於中原地區，而春秋時期在長江下游地區却還繼續流行。1969 年長興縣和平礦區出土的一件銅鼎[①]，腹飾兩道弦紋，間飾以蟠虺紋，高扁足内凹作溝槽狀。這類高扁足、淺平底鼎，或稱之爲"越式鼎"，不知是否即文獻中所謂的"鐈鼎"。另有一類盤口、束頸、釜形鼎，本省目前尚未發現銅製品，1955 年紹興縣出土的一件原始瓷鼎[②]、1956 年紹興縣灘渚出土的一件原始瓷鼎[③]、1983 年 4 月海鹽縣長川壩黃家山出土的原始瓷鼎[④]，都是這種形制，顯然仿自同時的青銅鼎。這兩類鼎，都具有典型的越族風格。

道光初年，曾在武康縣（現爲德清縣）山間出土了一組 13 件青銅句鑃，其中兩件有銘[⑤]，作器者爲"其次"。1977 年 6 月，在紹興市郊亭山出土了兩件句鑃[⑥]，器主"配兒"可能是吳國的王室人員。句鑃是一種宴享時使用的敲擊樂器，主要出土於吳越地區。蘇南曾有發現，如 1957 年武進縣奄城内城河一次就出土 7 件[⑦]。浙江不僅出土銅句鑃，原始瓷句鑃也屢有發現，如 1929 年、1935 年兩次在紹興出土，其中一個墓中出土了大小相次遞減的原始瓷句鑃 11 件[⑧]；1983 年 4 月，海鹽縣長川壩黃家山也出土了一批成組編套的原始瓷仿銅樂器，其中句鑃就有 14 件。可見句鑃也是一種頗有地方特色的器種。

另外，一些特殊的青銅器也有發現。如紹興坡塘 306 號墓出土的銅房子模型，内有一組奏樂俑；同墓還出土底座四角置跪俑的銅鎮墓獸（原簡報稱插座)[⑨]；1970 年湖州市埭溪沙河出土一件跪坐俑銅錞，中間鼓出部分密布蟠虺紋，上、下飾鋸齒紋[⑩]，據近年江蘇省丹徒縣北山頂春秋墓出土的同形制

① 浙江省文物管理委員會《浙江長興縣的兩件青銅器》，《文物》1973 年 1 期。
② 浙江省博物館《浙江文物》63 號，浙江人民出版社，1987 年。
③ 浙江省文物管理委員會《紹興灘渚漢墓》，《考古學報》1957 年 1 期。
④ 浙江省文物考古研究所、海鹽縣博物館《浙江海鹽出土原始瓷樂器》，《文物》1985 年 8 期。
⑤ 出土後爲蘇士樞所得，見《寶素室金石書畫編年錄》上·14。銘文見《三代吉金文存》等書著錄。
⑥ 紹興市文管會《紹興發現兩件句鑃》，《考古》1983 年 4 期。
⑦ 倪振逑《淹城出土的銅器》，《文物》1959 年 4 期。
⑧ 梅原末治〔日〕《支那考古學論考》，東京，1938 年；蔣玄怡、秦明之《中國瓷器的發明》，藝苑真賞社，1956 年。兩書均有論及。
⑨ 浙江省文物管理委員會等《紹興 306 號戰國墓發掘簡報》，《文物》1984 年 1 期。木質獸首及鹿角已朽。
⑩ 《文物》1972 年 3 期"文博簡訊"。

器，乃是一件鳩杖的鐏①。這些青銅器，在中原地區是没有先例的。

　　李學勤先生曾指出："長江下游的青銅器在商代受到中原文化的很大影響，西周以後逐漸創造自己獨特的傳統，並與長江中游漸行接近。到春秋末年比較統一的南方系的青銅器型式，可以説已經形成了。"② 從浙江出土的青銅器來看，這個結論無疑是正確的。

二　頗具地方特色的青銅器

　　中原青銅文化對周圍的影響，首先表現在禮器方面，至於兵器、工具等其他器物，邊遠地區常反映出明顯的地方特色。這是青銅器研究的一條規律③。浙江地區的青銅器，自然也不例外。下面從樂器、兵器、農具這三個方面，各舉其典型器種，來説明這一點。

　　先談樂器。

　　盛行於商周之際的銅鐃，出土範圍遍及浙江、江蘇、江西、福建、湖南、廣西六省④。這些地區都屬所謂的"百越地區"之範圍，所以流行同一類器是完全可能的。這種鐃和中原所出三至五個一組的商代小銅鐃，無論從形體上還是從紋樣裝飾上都不相同，故有研究者將它們改稱爲鉦、鐸或鏞等名稱，是一種地方特色較强的青銅器。

　　浙江出土的商周銅鐃，有 1963 年 7 月在餘杭縣石瀬發現的一件⑤，鉦部以細線勾成的獸面紋爲主紋，以聯珠紋作地紋，甬部無旋，並與内腔不通，通高 29 釐米。1976 年在金華地區徵集到的一件銅鐃⑥，也是用細線勾成獸面紋，聯珠紋襯地，由中線分成兩半，甬部無旋，但與内腔相通，通高 28.5 釐米。從造型和紋飾來看，這兩件鐃都可以定在商代。1969 年在長興城關中學

　　① 江蘇省丹徒考古隊《江蘇丹徒北山頂春秋墓發掘報告》，《東南文化》1988 年 3、4 期（合）。
　　② 李學勤《從新出青銅器看長江下游文化的發展》，《文物》1980 年 8 期。
　　③ 李學勤《論新都出土的蜀國青銅器》，《文物》1982 年 1 期。
　　④ 高至喜《中國南方出土商周銅鐃概論》，《湖南考古輯刊》第 2 輯。
　　⑤ 王士倫《記浙江發現的銅鐃、釉陶鐘和越王石矛》，《考古》1965 年 5 期。
　　⑥ 《全國揀選文物展覽》（1983 年）浙江省展品 52 號，金華地區土產公司廢舊物資倉庫揀選。

徵集到的一件銅鐃①，其實和 1959 年 10 月在長興上草樓發現的銅鐃② 同出一處，前者殘高 28.5 釐米，後者通高 51.4 釐米，兩器除了大小有別外，造型、紋飾如出一範：通體飾勾連雲雷紋，鉦部共有圓枚 36 個，枚飾圓渦紋，旋部飾 "C" 形紋，甬中孔與内腔通。實爲一組。1986 年 2 月，在磐安縣深澤出土的一件銅鐃③，殘高 27 釐米，造型和紋飾與長興出土的兩件鐃相似。這三件鐃的特徵明顯晚於前述兩件商代銅鐃，特别是 36 個圓枚的出現，已具甬鐘的雛形。與長興銅鐃同出的盂，紋飾風格相同，但從形制看其時代早不到商。因此這三件鐃的時代，應定爲西周前期爲妥。高至喜先生曾對南方出土的銅鐃作過綜合研究④，他將石瀨的鐃歸入 B 型，時代定在商代末期；長興的鐃歸入 D 型，時代定爲西周早期，大體上是可信的。不過，浙江出土的這幾件銅鐃，與湖南所出風格有所不同，可以排除由外省傳入的可能性。從前述浙江出土的商至西周時的青銅器來看，在當時無論從技術上還是從原料上，浙江本地完全可以鑄造出這類銅鐃。

從目前出土資料看，陝西出土的西周中期甬鐘，在當地找不到它的淵源，而南方出土的甬鐘是從南方的鐃直接發展演變而來。1981 年 3 月，在蕭山縣所前發現的一件西周青銅甬鐘⑤，旋部兩面都飾以圓目凸出的細線獸面紋，枚篆交界和鉦邊均以聯珠紋作爲界欄，36 個枚較尖，僅高 1.8 釐米，是甬鐘的早期形態。不難看出這件甬鐘從長興上草樓這類銅鐃演化而來的蜕變痕迹。用聯珠紋作爲界欄，是本地區重要的傳統裝飾手法，早見之於餘杭石瀨出土的銅鐃。1974 年在鄞縣韓嶺出土的一件西周青銅甬鐘⑥，也同樣以聯珠紋作爲界欄。直到春秋戰國時期，浙江出土的原始瓷鐘仍喜用這類紋飾⑦。所以，蕭山出土的這件青銅甬鐘，毫無問題是本地製品。有必要指出，長興出土的銅鐃除了旋上無幹以外，作爲甬鐘的特點均已具備，祇要將其植柄敲擊的方式改爲懸挂敲擊，就和甬鐘的情況毫無二致了。所以，"北方西周中期甬鐘的

① 《文物》1972 年 3 期 "文博簡訊"。
② 浙江省文物管理委員會《浙江長興縣出土的兩件銅器》，《文物》1960 年 7 期。
③ 趙一新《浙江磐安深澤出土一件雲紋鐃》，《考古》1987 年 8 期。
④ 高至喜《中國南方出土商周銅鐃概論》，《湖南考古輯刊》第 2 輯。
⑤ 張翔《浙江蕭山杜家村出土西周甬鐘》，《文物》1985 年 4 期。
⑥ 浙江省博物館《浙江歷史文物陳列》展品。
⑦ 如 1971 年鎮海縣徵集的原始瓷鐘，浙江省博物館《浙江文物》45 號，浙江人民出版社，1987 年。

出現，應是受了南方大鐃或甬鐘的影響。"① 這個結論，是正確的。

　　附帶指出的是，舊的傳統觀念往往認爲衹有中原的青銅文化才會影響到四周，而很少考慮到四周的青銅文化也會影響及中原。事實上，中原青銅器上的獸面紋，無疑受到過南方良渚文化玉器紋飾的巨大影響。中原地區甬鐘的出現，也應作如是觀。至於本地區在春秋戰國時期流行的句鑃，則是鐃演變後的另一種形式，它還保持著鐃的敲擊方式，衹是將植柄改爲執柄罷了。

　　次談兵器。

　　春秋戰國時期的吳越兵器，聞名遐邇，特別是劍，在當時已成爲有口皆碑的寶器。《莊子·刻意》："夫有干越之劍者，柙而藏之，不敢用也，寶之至也。"《戰國策·趙策》："夫吳干之劍，肉試則斷牛馬，金試則截盤匜，薄之柱上而擊之則折爲三，質之石上而擊之則碎爲百。"從出土及傳世的越王、吳王劍來看，上述記載確非虛語。吳越之劍不僅成爲各國君主希冀得到的寶器，而且常常作爲死後隨葬的珍品，如湖北楚墓多次發現隨葬吳越名劍；長沙仰天湖楚墓出土的遣册，述隨葬品也有"一邲（越）鋯（造）劍……"的記載②。鑄劍名匠干將、莫邪和歐冶子的名字一直流傳至今，也是這方面的反映。

　　浙江出土的青銅劍，全省文物部門多有收藏，除了浙江省博物館的藏品外，尤以湖州地區、紹興地區爲大宗。由於見諸報道者不多，尚無法統計出準確數字，但其出土量是不少的。即以長興縣博物館爲例，最近見於集中報道的一批，就多達 32 件③，全省的收藏量可想而知。

　　浙江地區出土的青銅劍，主要流行圓莖中空、窄格有首劍和實圓莖凸箍、寬格有首劍兩種。據李伯謙先生的研究，這兩種劍的發源地應偏於我國的南方，尤其是吳越地區④。顧頡剛先生曾據文獻，考證出我國銅劍應起源於吳越地區⑤。從長興出土的西周青銅劍來分析，最近報道的 1 號劍所飾雲雷紋與長興出土的盂、鐃相同；2、3 號劍也飾有早期流行的雲雷紋；3、4 號劍的形制

　　① 　高至喜《中國南方出土商周銅鐃概論》，《湖南考古輯刊》第 2 輯。
　　② 　史樹青《長沙仰天湖出土楚簡研究》第 10 簡，群聯出版社，1955 年。
　　③ 　夏星南《浙江長興縣發現吳、越、楚銅劍》，《考古》1989 年 1 期。
　　④ 　李伯謙《中原地區東周銅劍淵源試探》，《文物》1982 年 1 期。
　　⑤ 　顧頡剛《吳越兵器》，載《史林雜識（初編）》，中華書局，1963 年。

見於安徽屯溪西周晚期墓①。顧、李兩位先生的看法是有一定道理的。

吳越地處江南水網地區，當地土著民族習於“以船爲車，以楫爲馬”②，盛行於中原地區的車戰在這裏是行不通的。所以，步兵是吳越軍隊的主力。步兵所需要的是適於近戰的輕便而又鋒利的短兵器，劍正具有這些特點，因此劍在吳越地區得到長足的發展是毫不奇怪的。從浙江出土的青銅劍來看，其不僅具有典型的地方特色，而且在工藝水平上遠遠超過中原諸國。

矛、戈一類的青銅兵器，在浙江的出土量不甚多，但也有一定的地方特色。寬體、狹刃、圓本式的矛是浙江地區流行的典型器，其骹部一般較寬大，骹口平或微弧，正面常有一小鼻紐。流傳到日本的越王者旨於賜矛③、長沙出土的越王矛④ 是其代表，紹興市出土的兩件越王石矛⑤，也是這種形制。這類矛盛行於春秋戰國時期，有的還在骹部鑄一雙鉤“王”字，頗具地方色彩。

浙江出土的銅戈雖可早至商代，並有一定的地方特色，如前述湖州袁家滙出土的戈，但後期特別是春秋戰國時的戈，形制和中原地區相差不大，少有地方特色。1977 年 5 月長興縣港口出土的直援方內戈⑥，從內端紋飾看，也是本地產品，原報道定爲西周早期。這類內角有缺的直援戈，在鄭州銘功路商墓中有出土⑦，因此其時代應早於周初。長興縣博物館收藏的另一件短胡二穿戈（圖二，5），援的上下刃平行，相同形制的戈，曾見於濬縣辛村 60 號墓出土品⑧，其下限不晚於西周中期。出土物中曾見到過一件屬春秋晚期形制的戈，戈身佈有菱形幾何形黑色暗紋⑨，紋飾與江陵望山出土的句踐劍、馬山出土的夫差矛⑩ 以及江蘇省六合縣程橋墓出土的劍相同⑪，製作方法也一樣。據用質子 X 熒光分析法對句踐劍表面進行分析，知道菱形暗紋可能經過硫化

①　劉和惠《荊蠻考》所引，《文物集刊》第 3 輯，文物出版社，1981 年。
②　《越絕書》卷八。
③　容庚《鳥書考補正》等著録，《燕京學報》第 17 期。
④　北京歷史博物館《楚文物展覽圖録》，人民美術出版社，1954 年。
⑤　王士倫《記浙江發現的銅鐃、釉陶鐘和越王石矛》，《考古》1965 年 5 期。
⑥　夏星南《浙江長興出土五件商周銅器》，《文物》1979 年 11 期。
⑦　鄭州市博物館《鄭州市銘功路西側的兩座商代墓》，《考古》1965 年 10 期。
⑧　郭寶鈞《濬縣辛村》，科學出版社，1964 年。
⑨　湖南省博物館等《湖南益陽戰國兩漢墓》戰國墓出土的 I 式戈（7:2），《考古學報》1981 年 4 期。
⑩　《稀世文物“吳王夫差矛”在湖北江陵出土》，《光明日報》1984 年 1 月 8 日。
⑪　江蘇省文物管理委員會《江蘇六合程橋東周墓》，《考古》1965 年 3 期。

圖二

1.耨　2.犁鏵　3.銅鐮　4.破土器　5.短胡二穿戈　6.銅鉞

處理①。這種經過特殊技術處理的戈，可以看作是吳越地區製造的具有本地特色的兵器。

順便指出，有些研究者據《越絕書·外傳記地傳》"戈船三百艘"之語，來說明吳、越用戈的普遍性和特殊性，此乃望文生義。其實，"戈船"爲"弋船"之訛，《越絕書》佚文作"翼"船，乃是同音通假。"弋船"是吳越地區用遠射武器弩來作戰的水軍船名，與戈無涉，詳另文②。

再談農具。

浙江出土的青銅生產工具，品種繁多，有鐮、鋤、舌、钁、耨、犁鏵、破土器、斤、錛、鋸、刀、削、鑿等等，尤以農具爲主，其數量是中原地區無法相比的。試以紹興市爲例，除了 1959 年在城東西施山出土了大批春秋戰國時的青銅生產工具以外，歷年來在市郊都泗門、稽山門外下畈、禹陵、亭山，縣區坡塘、平水、灘渚、福全、南池、袍穀等地，共出土青銅鐮 2 件、舌 25 件、鏟形器 17 件③。可見全省數量之多。《考工記》謂："粤（越）之無鎛也，非無鎛也，夫人而能爲鎛也。"鄭玄注："言其丈夫皆能作是器，不須置國工"；又注："粤地……山出金錫，鑄冶之業，田器尤多。"連民間普遍都會製造青銅農具，可見其生產數量之巨。另一方面，當時越國的統治者，爲了爭霸的需要，十分重視農業生產，從客觀上創造了有利條件，遂使青銅農具得到大量製造和使用。

浙江出土的青銅農具，最有地方特色的是帶鋸齒紋的農具。見諸報道的，有 1954 年紹興市出土的耨（圖二，1)④；1959 年紹興市西施山出土的耨和鐮⑤；1971 年嵊縣朱孟煤礦發現的鐮⑥；1963 年溫州市永嘉縣出土的耨⑦；

---

① 《揭開勾踐劍之謎》，《文匯報》1978 年 9 月 7 日；《越王劍的質子 X 熒光非真空分析》，《復旦大學學報》（自然科學版）1979 年 11 期。
② 曹錦炎《〈越絕書〉"戈船"釋義》（待刊）。
③ 沈作霖《古代越國的農耕工具》，《農業考古》1984 年 2 期。
④ 浙江省博物館《浙江文物》60 號，浙江人民出版社，1987 年。
⑤ 王士倫《戰國時代的重要銅鐵器》，《浙江日報》1959 年 7 月 20 日。
⑥ 浙江省博物館《三十年來浙江文物考古工作》，《文物考古工作三十年》，文物出版社，1979 年。
⑦ 徐定水《浙江永嘉出土的一批青銅器簡介》，《文物》1980 年 8 期。

1982 年定海縣石礁出土的耨①；1973 年 10 月紹興市陶堰出土的犁鏵②（圖二，2）。另外，還有 1972 年長興縣吳山收購站揀選的鐮；1971 年 9 月湖州市埭溪收購站揀選的鐮；1982 年 12 月湖州市廢舊物資公司金屬倉庫揀選的耨③。未見報道者還有不少。這種在刃部排列鋸齒紋的青銅農具，在當時無疑是較爲先進的生產工具。其不僅流行於長江下游地區，而且還影響到中原地區，例如河北省易縣燕下都遺址曾出土過一件帶鋸齒紋的銅鐮，上有"冶尹"二字銘文④。不過，從現有資料來看，帶鋸齒紋的青銅農具產生的時間，早不過春秋時期。70 年代海寧縣袁化曾出土過一件無齒銅鐮⑤（圖二，3），形式似戈，有闌，形制早於江蘇省儀徵破山口出土的無齒銅鐮⑥，其時代可以定爲西周。相同形式的無齒銅鐮，在湖州等博物館也有收藏，如 1982 年由湖州市廢舊物資公司金屬倉庫所揀選的銅鐮⑦。這種銅鐮，很可能就是《方言》卷五所說的"刈鉤"。

　　浙江出土的青銅農具中，另有一類地方特色較濃的"破土器"，其特徵是：斜方銎，外刃略帶弧形，一頭較長，一頭較短。舊時的金石學家稱之爲"黃子鉞"，誤以爲是兵器。唐蘭、徐中舒先生都曾指出是農具⑧，前者以爲是"句欘"，後者以爲是"犁錧"。其實這類形制的農具，可上溯到良渚文化時的"斜把破土器"，據研究，這種石器是一種犁溝器，與開發水田有密切關係⑨。出土銅破土器的地點主要見於杭嘉湖平原，如 1980 年 8 月、1982 年 12 月，湖州市廢舊物資公司金屬倉庫曾先後揀選到 2 件⑩；長興縣也有出土⑪（圖二，4）。鄒安《周金文存》所著錄的及故宮博物院所收藏的銅破土器⑫，估計也出於這一帶。從其特徵看，似可早到西周。出土於湖南、廣西等越族地區，流

①　王和平《舟山發現東周青銅農具》，《文物》1983 年 6 期。
②　沈作霖《紹興出土的春秋戰國文物》，《考古》1979 年 5 期。
③　《全國揀選文物展覽》（1983 年）浙江省展品 20、21、23 號。
④　李學勤《戰國題銘概述》（上），《文物》1959 年 7 期。
⑤　浙江省博物館《浙江歷史文物陳列》展品。
⑥　南京博物院等《江蘇省出土文物選集》，文物出版社，1963 年。
⑦　《全國揀選文物展覽》（1983 年）浙江省展品 19 號。
⑧　唐蘭《中國古代社會使用青銅農器問題的初步研究》，《故宮博物院院刊》總 2 期；徐中舒《耒耜考》，《歷史語言研究所集刊》第 2 本第 1 分冊。
⑨　牟永抗、宋兆麟《江浙的石犁和破土器》，《農業考古》1981 年 2 期。
⑩　《全國揀選文物展覽》（1983 年）浙江省展品 25、26 號。
⑪　浙江省博物館《浙江歷史文物陳列》展品。
⑫　唐蘭《中國古代社會使用青銅農器問題的初步研究》，《故宮博物院院刊》總 2 期。

行於春秋戰國時期的所謂越式 "靴形" 銅鉞, 很可能和這種銅破土器有著一定的淵源關係。

多年以來, 中國古代社會的農業生產中是否大量使用青銅農具, 一直是個有爭論的問題。從浙江及長江下游出土的大量青銅農具來看, 答案是肯定的。我們認爲, 東周時代, 至少在長江下游地區, 是以青銅農具爲主要農業生產工具的, 這與當地豐富的礦產資源和發達的冶鑄業是分不開的。後來當冶鐵業生產發展到一定的程度後, 它才被鐵器所取代。

三　餘論

越族是對我國古代居住在南方的一個大的民族共同體的泛稱, 春秋戰國時期越族的分佈範圍甚廣, "自交趾至會稽七八千里, 百粤 (越) 雜處, 各有種姓"[①]。根據考古工作者的研究, 我國南方幾何形印紋陶的分佈區域, 正和文獻記載的百越分佈範圍相符合。由於建都於會稽的越國, 在句踐滅吳後國力強盛, "諸侯畢賀, 號稱霸主"[②]。所以, 春秋戰國時期的浙江青銅文化, 勢必會給百越地區帶來深遠的影響。

我們曾對浙江出土的 "王" 字銅矛作過介紹[③], 有 1976 年 12 月在鄞縣甲村出土的一件; 1978 年長興縣長興港出土的三件; 1981 年慈溪縣橫河發現的一件; 以及嘉善縣博物館的收藏品, 並指出這類銅矛是具有典型越族風格的兵器。這種帶 "王" 字的銅矛, 出土地點有湖南省的長沙、益陽、寧鄉、邵陽等地[④]; 廣東省的德慶、四會、廣寧、羅定等地[⑤]; 廣西省的武鳴、平樂等

---

① 《漢書·地理志》顏師古注引臣瓚曰。

② 《史記·越王句踐世家》。

③ 曹錦炎、周生望《浙江鄞縣出土春秋時代銅器》, 《考古》1984 年 8 期。

④ 湖南省博物館《長沙瀏城橋一號墓》, 《考古學報》1972 年 1 期; 湖南省博物館等《湖南益陽戰國兩漢墓》, 《考古學報》1981 年 4 期; 湖南省博物館《湖南省博物館新發現的幾件銅器》, 《文物》1966 年 4 期; 周世榮《湖南楚墓出土古文字叢考》, 《湖南考古輯刊》第 1 輯。

⑤ 廣東省博物館等《廣東德慶發現戰國墓》, 《文物》1973 年 9 期; 廣東省博物館《廣東四會鳥旦山戰國墓》, 《考古》1975 年 2 期; 廣東省博物館《廣東廣寧縣銅鼓崗戰國墓》, 《考古學集刊》(1), 中國社會科學出版社, 1981 年; 廣東省博物館《廣東羅定出土一批戰國銅器》, 《考古》1983 年 1 期。

地①，江西省南昌②、江蘇省六合③ 也有發現。過去湖南的同志曾提出，這類
"王"字銅矛應是楚國兵器④，直至最近出版的著作中，仍有同志持這種觀
點⑤。

我們已經指出過，著錄於《楚文物展覽圖錄》長沙出土的一件帶秘銅矛，
其骹部鑄有一"王"字，刃的基部兩側各鑄有一"戈"字，三字均爲鳥蟲書，
在矛的脊側鑄有三段"鳥翼形"的紋飾；浙江省博物館收藏的一件越王劍，
在劍身上也同樣鑄有六段"鳥翼形"的紋飾。上述各地出土的"王"字矛，
除了在骹部鑄有"王"字外，大都在矛身脊側也鑄有兩段或一段"鳥翼形"
紋飾，這種紋飾和前兩件確鑿無疑的越國兵器的紋飾是十分接近的。因此，
各地出土的"王"字矛，可以認定是越族兵器，而絕不是楚器⑥。

除了銅矛以外，嶺南地區出土的鉞、斧、篾刀、人首柱等青銅器上，也
帶有"王"字紋。所以，有研究者認爲："王字紋青銅器顯然是南越郡國的官
營手工業作坊鑄造青銅兵器和工具的標記"⑦。從浙江出土的"王"字矛及長
沙出土的越王矛來看，這類"王"字紋應起源於越國，後來才流行和影響到
百越地區。

浙江並不是銅鼓的製造和使用地區，先秦及秦漢的銅鼓在浙江境內至今
尚未有出土記錄。但值得注意的是，早期銅鼓上常見的"羽人劃船紋"，卻出
現在鄞縣甲村出土的銅鉞上⑧　（圖二，6）。從鉞的形制特徵及伴出的器物來
看，其時代早於銅鼓出現的年代。由此不難看出浙江的青銅文化對百越地區
的影響。

徐淮文化對吳越地區的影響問題，越來越受到人們的重視。我們曾在小
文中指出，越國的建立是和徐人勢力進入浙江有關，這在出土的青銅器和地

---

① 廣西壯族自治區文物工作隊等《廣西武鳴馬頭安等秧山戰國墓群發掘簡報》，《文物》1988
年 12 月；廣西壯族自治區文物工作隊《平樂銀山嶺戰國墓》，《考古學報》1978 年 2 期。

② 《南昌東郊西漢墓》，《考古學報》1976 年 2 期。

③ 江蘇省文物管理委員會《江蘇六合程橋東周墓》，《考古》1965 年 3 期。

④ 《長沙瀏城橋一號墓》，《考古學報》1972 年 1 期；《湖南益陽戰國兩漢墓》，《考古學報》
1981 年 4 期；《湖南省博物館新發現的幾件銅器》，《文物》1966 年 4 期；周世榮：《湖南楚
墓出土古文字叢考》，《湖南考古輯刊》第 1 輯。

⑤ 彭適凡《中國南方古代印紋陶》，文物出版社，1987 年。

⑥ 曹錦炎、周生望《浙江鄞縣出土春秋時代銅器》，《考古》1984 年 8 期。

⑦ 徐恒彬《南越先秦史初探》，《百越民族史論集》，中國社會科學出版社，1982 年。

⑧ 曹錦炎、周生望《浙江鄞縣出土春秋時代銅器》，《考古》1984 年 8 期。

方志上均有反映①。浙江的青銅文化在春秋時期産生飛躍，甚至顯得有點突兀，這和徐文化的影響有著很大的關係。

徐國本是東夷的一支，商時爲侯伯。西周之初，商、奄等四國叛周，而"淮夷、徐戎並興"。西周時徐成爲強國，曾率九夷西伐宗周②。而徐文化，"則又爲殷商文化之嫡系"③。徐國青銅器鑄造精良，紋飾細緻，銘文秀麗，這些特點均爲越國青銅器所繼承。越國地區出土的青銅器有時甚至很難判斷屬徐還是屬越，如武康出土的其次句鑃，以及常熟出土的姑馮句鑃④，即有越器、徐器兩説。特別是浙江出土的春秋以前的青銅器，除了安吉兩件商器有族氏銘文以外，從未見過有銘銅器，很明顯本地的土著民族在當時並沒有使用中原系統的文字。而春秋中葉以後，中原特色的有銘銅器在浙江驟然出現，如果不考慮徐文化的因素和作用，很難得出合理的解釋。

楚文化對浙江青銅器的影響，也是個需要考慮的問題。紹興市坡塘 306 號墓出土的鎮墓獸，在浙江地區是没有先例的，而在楚文化的區域内，却是習見。考慮到徐文化的發展，也曾受到楚的很大影響，並且安徽省壽縣蔡侯墓也出土了同類型的鎮墓獸⑤，所以楚的影響通過徐再傳入浙江，不是不可能的。至於公元前 333 年楚大敗越兵，殺越王無疆，楚人勢力進入浙江後的影響，這又另當別論了。

浙江的青銅文化，與海外文化亦有關聯。如日本彌生時代的銅鐸，往往被埋在深山裏，據研究，大半與農業祭祀有關⑥。這和浙江發現的商周銅鐃的出土情況，如出一轍，顯然有一定的淵源關係。便是一個極好的例子。

附記：本文在資料收集過程中，得到本省有關文博單位及個人的大力幫助，恕不一一列出，在此一併致謝。

（原載《東南文化》1989 年 6 期）

---

① 曹錦炎《越王姓氏新考》，《中華文史論叢》1983 年 3 期；《春秋初期越爲徐地説新證》，《浙江學刊》1987 年 1 期。

② 《尚書·費誓》；《後漢書·東夷列傳》。

③ 郭沫若《雜説林鐘、句鑃、鉦、鐸》，《殷周青銅器銘文研究》，人民出版社，1954 年。

④ 此句鑃作器者名第 2 字非 "馮"，爲印刷方便，暫按舊隸定。《三代吉金文存》等書著録。

⑤ 安徽省文物管理委員會、安徽省博物館《壽縣蔡侯墓出土遺物》，科學出版社．1956 年。

⑥ 參看蔡鳳書《古代中國與史前時代的日本》，《考古》1987 年 11 期。

後 記

　　本書是我關於吳越歷史與考古的文章的結集。除了一篇未曾刊登過外，我在這方面已發表的文章，基本上都已收入。原擬將拙作《吳越青銅器銘文述編》（載《古文字研究》第十七輯）也一併收入，但考慮到該篇是"述"，與本書以"論"爲旨趣有異，就放棄了。最近十年中，浙江紹興的印山越王陵和無錫鴻山的越國貴族大墓都是越國考古的重大發現，我雖有一些看法和初稿，然自我感覺不太滿意，就沒有收入。上海博物館收藏的戰國楚竹書中，有一篇《吳命》，由我整理，内容涉及夫差黄池争霸時的故事，爲《國語・吳語》佚文，因《上海博物館藏戰國楚竹書》第七册尚未出版，所以是篇也没有收錄。徐國與吳越兩國的關係密切，徐文化對吳越文化的影響深遠，多年來已有不少出土實物得以證明，所以我這方面的文章也同時收入。

　　吳越爲鄰，同氣同俗，所謂"兩邦同城，相壓門户"（見《越絕書》）。從考古學文化來看，兩者也很難區分。春秋戰國時期，吳越兩國都曾一度强大，先後稱霸中原。然兩國總是互相征伐，干戈不寧。越王句踐經過"十年生聚，十年教訓"，終於在吳王夫差二十三年（公元前 473 年）滅掉吳國，併地於越。所以，研究這段歷史，特別是研究青銅器銘文，便很自然地將吳越兩國聯在一起。

　　讀研究生時，我對吳越的青銅器銘文資料就已特別關注，或許即是"家在吳山越水間"，情之所繫吧。自從離開先師門下，回到浙江，我的主要精力雖已轉入文物考古工作，但對吳越地方歷史的研討，仍常縈胸懷，偶有所得，即付之筆墨，堅持不懈，集腋成裘。是集之編，不僅是對二十餘年來自己研究心得的回顧和總結，更是想爲研究和關心吳越歷史的同好提供一些有價值的參考資料，敝帚自珍，倘能如此，便是我最大的希冀。

　　爲了忠實地反映自己的學術成長過程，收入本書的各篇文章，除了改正過去的筆誤和排印錯誤、個別增補了圖片外，一概保持其原貌，不作任何修改。有些看法或觀點間或有所不同，以後出文章爲準。

　　本集所收文章在寫作過程中，曾得到許多師友惠贈拓本、資料等幫助。沙孟海先生在世時對我的研究課題也是一再鼓勵，早在上世紀 80 年代末就爲本書專門題寫了書名。同事黃昊德君、俞璐女士，爲文章的收集、打印和圖版事宜出力甚多。付梓在即，謹在此一併致謝。

　　　　　　　　　　　　　　2006 年歲末於杭州西湖寶石山下